驰骋

在"一带一路"上的资阳机车

中车资阳机车有限公司 编著

西南交通大学出版社
·成 都·

图书在版编目（CIP）数据

驰骋在"一带一路"上的资阳机车 / 中车资阳机车有限公司编著. -- 成都：西南交通大学出版社，2023.12
ISBN 978-7-5643-9703-6

Ⅰ. ①驰… Ⅱ. ①中… Ⅲ. ①机车 – 车辆工厂 – 概况 – 资阳 Ⅳ. ①F426.472

中国国家版本馆 CIP 数据核字（2023）第 254584 号

CHICHENG ZAI "YIDAIYILU" SHANG DE ZIYANG JICHE
驰骋在"一带一路"上的资阳机车

中车资阳机车有限公司　　编著

责任编辑	罗爱林
助理编辑	杨　倩
封面设计	王鑫磊
出版发行	西南交通大学出版社 （四川省成都市金牛区二环路北一段 111 号 西南交通大学创新大厦 21 楼）
邮政编码	610031
营销部电话	028-87600564　028-87600533
网址	http://www.xnjdcbs.com
印刷	成都蜀通印务有限责任公司
成品尺寸	185 mm×260 mm
印张	14.75
字数	253 千
版次	2023 年 12 月第 1 版
印次	2023 年 12 月第 1 次
定价	89.00 元
书号	ISBN 978-7-5643-9703-6

图书如有印装质量问题　本社负责退换
版权所有　盗版必究　举报电话：028-87600562

《驰骋在"一带一路"上的资阳机车》编委会

编委会主任

陈志新　杨文胜

编委会副主任

周　莉　胡宪昌　党保雄　阳云波　李希宁　黄　海

编委会委员

杨　燕　王　澈　文　勇　周定国　刘向军　仇建军　李俊锋　李发春
吴家辉　张　敏　刘秀珍　孙可胜　王鑫磊　陶　美　袁　鑫　桂江利
蒋建坪　曾卫平　冯尹星　张小宇　黄正柯　陈　曦　王小虎　戴媛媛
温　虹　李　鹏　任　玲　欧阳凯　刘兴瑞　杨曾虹　付　发　黄永霞
李　化　陈浩睿　徐晓沁　谢霜娇　孟远文　钟建守

特别鸣谢

张海磊　王佳华　肖正君　郭静雯　王瑞琪　李　臣　王国平　杨　帆
王　谊　刘至明　刘若愚

序言 PREAMBLE

两千多年前，中国与亚洲、欧洲、非洲、拉丁美洲的人们在陆上、海上开辟出两条阳光大道——陆上丝绸之路和海上丝绸之路。在"一带一路"倡议提出十周年之际，我们不禁回望丝路——它，不仅是商品流通的渠道，而且是思想文化交融的桥梁。

20世纪90年代初，我们追寻古人的足迹，在丝路上迈出了第一步，时至今日，我们在这条路上开创了三项第一：

1992年，公司研制的内燃机车出口泰国，成为中国商品化机车出口"第一车"。

2006年，公司向越南转让机车制造技术，成为中国输出机车技术的第一家企业。

2011年，公司研发的大功率交流传动内燃机车出口澳大利亚，成为中国高端内燃机车出口发达国家的"第一车"。

如今，公司自主研制的1100多台内燃机车、内燃动车组，从陆上运送至中亚、东南亚、南亚，从海上远渡至非洲、拉丁美洲，其中，90%以上的机车出口地是共建"一带一路"国家和地区，与古人的足迹惊人地吻合。

这不是偶然。

这是中国与世界千年不绝、生生不息地追求经济合作、政治互信、文化交融的必由之路。从贩夫走卒到大国重器，在这条路上挥洒智慧与汗水，创造出"和平合作、开放包容、互学互鉴、互利共赢"的丝路精神。中车资阳机车有限公司正是传承了这种精神，在这条路上不断前行。

在21世纪，古代丝绸之路升华为中国构建人类命运共同体的重大实践——共建"一带一路"。我们秉承连接世界、造福人类的宗旨，为共建"一带一路"国家和地区提供机车产品和服务，以期人畅其行、货畅其流。在漫漫岁月中，我们与用户朋友的交往逐步超越了产品本身，融入了情感与各自独特的文化。

在"一带一路"倡议提出十周年之际，我们收集了公司在丝路上的故事，并整理成册。其中，有平凡员工工作的苦与乐，也有政府要员视察项目的身影；有项目之中的合作，也有项目之外碰撞出的爱情之光；有工作之中的严谨，也有工作之外的温馨……这些事，看起来虽然是那么的平凡，但经过时光的磨砺，闪烁着让人难以忘记的光辉。故事中的一些人虽然已慢慢老去，但正是他们曾经的奉献让这个世界日新月异；一些人虽然才刚刚进"群"，但正因为有他们，"一带一路"才会生生不息。读过这些故事，我们更加明白，国际贸易不仅仅是商品的交易，更是人之交往，文化之交流。

我们何其有幸，在"一带一路"上演绎过并且还在继续演绎着一个又一个的故事——那是我们的一串足迹，记录着过去，并在新时代阳光的辉映下走向远方……

中车资阳机车有限公司　　　　　　　　中车资阳机车有限公司
党委书记、董事长　　　　　　　　　　党委副书记、总经理

2023年9月

前言 PREFACE

2023年是"一带一路"倡议提出10周年。十年来，中国已与152个国家和32个国际组织签署200余份共建"一带一路"合作文件，中国与这些国家政策沟通、设施联通、贸易畅通、资金融通、民心相通，达成了一系列合作成果。

中车资阳机车有限公司（简称中车资阳公司），是中国出口内燃机车的领军企业。1992年，公司向泰国出口首批两台CK5型机车，开创中国商品化机车出口先河。30多年来，中车资阳公司已向亚洲、非洲、美洲、大洋洲、欧洲的33个国家和地区，出口1100余台机车，超过中国内燃机车出口总量的50%，其中90%以上的机车分布在共建"一带一路"国家和地区。

十年倡议芬芳满园，三十载合作硕果累累。中车资阳公司积极践行习近平总书记提出的"一带一路"倡议，在越南、土库曼斯坦、阿根廷等国家，持续为用户创造价值，为当地人民带去福祉，涌现出许多动人的故事。本书将汇编这些驰骋在"一带一路"上的资阳机车的精彩故事，记录央企、记录四川践行"一带一路"倡议，为推动中国机车走出去、推动全球经济发展作出的新贡献，并以此纪念中国机车商品化出口跨越30年。

本书主要包括"峥嵘岁月""丝路花开""友谊见证""媒眼视界""异彩电站""擦亮名片""光影之美"七个板块，梳理了中车资阳公司的发展历程和出口机车的主要业绩，生动讲述了资阳机车在全世界多个国家，尤其是在共建"一带一路"国家和地区发生的精彩故事，以及部分国内主流媒体对资阳机车的公开报道。

本书将视角聚焦于"一带一路"中的设施联通，以及以机车为纽带产生的精彩故事，从企业视角展现中国机车在共建"一带一路"过程中，与共建国家及其人民共创和平、开放、繁荣、文明之路的非凡进程。

本书对关注"一带一路"倡议的国家和地区有参考意义。共建"一带一路"是构建人类命运共同体的重大实践，是中国在新的历史起点，实现与各国有效沟通、开放合作的平台。拥抱"一带一路"、共建美好未来，已经成为顺应潮流的大趋势，正在成为更多国家和地区参与合作的新选择。

本书对关注国际化经营的中国企业有参考意义。中车资阳公司是中国机车实现商品化出口的第一家企业，开创了多个行业第一，出口的机车产品90%以上分布在共建"一带一路"国家和地区，极大地改善了当地的交通状况，为当地人民作出了实实在在的贡献。本书从已经"走出去"三十年的企业视角，以讲故事的形式展现了中国企业在国际化经营过程中的典型案例，对中国企业塑造好国际品牌形象、讲好中国故事有较大参考价值。

本书对轨道交通装备产业的从业人员有参考意义。"十四五"时期，轨道交通装备产业是国家大力支持发展的战略性新兴产业，也是四川省明确突破发展的十大重点领域之一，更是我国未来要继续打造的重要支柱产业。中车资阳公司是中华人民共和国成立后新建的、唯一的内燃机车制造企业，也是四川省轨道交通装备产业的重点企业。从事轨道交通装备产业工作的读者可以从中了解中车资阳公司在轨道交通装备产业发展中敢闯敢试的勇气和决心，以及四川省打造高端装备产业新引擎、形成轨道交通领跑新优势、促进轨道交通产业高质量发展所取得的新成效。

在本书的撰写过程中，中车资阳公司从事国际营销和售后服务工作的员工本着对企业的热爱、对国家的热爱，把自己的亲身经历撰写出来，最终形成了60余个典型故事。

希望本书能为"一带一路"文明互鉴、文化交融提供新的注脚。

目录 CONTENTS

峥嵘岁月

"一带一路"倡议引领中国机车"走出去" / 002

奏响共建"一带一路"合作交响曲 / 005

"新丝路"上链接幸福的"钢铁骆驼" / 014

圆　梦 / 032

产品出口到技术出海的突破 / 046

丝路花开

飞驰在泰国的资阳机车 / 052

泰国客人到资阳"走亲戚" / 057

泰国邦迪：We are family / 060

泰国"车迷"向"唐老鸭"深情表白 / 064

好朋友"马大象" / 069

见证"革新号"成为越南运输主力 / 072

"我们是合作多年的好朋友" / 076

精诚服务在越南 / 079

中土跨国姻缘 / 084

土库曼斯坦监造师的资阳情结 / 090

资阳机车架起中哈"轨道桥梁" / 093

中哈机车情缘二十年 / 098

阿拉山口换装 / 101

中车资阳，为巴基斯坦铁路插上翅膀 / 104

资阳机车为巴基斯坦女孩点燃人生梦想 / 109

"铁哥们"带来的生日惊喜 / 112

羽毛球传递中巴友谊 / 114

向中国国旗敬礼的巴基斯坦孩子们 / 116

阿根廷总统的赞誉 / 118

跨越南北半球的中国情 / 121

沙漠"绿舟"歌飞扬 / 123

"绿色长龙"穿越非洲 / 126

友谊见证

"老朋友"眼中的"新资机" / 130

"希望混合动力机车快速走进巴基斯坦" / 134

精彩的 CRRC 海外春晚 / 136

"巴铁"竖起了大拇指 / 139

资阳"火车头"担当"长安号"首列回程专列重任 / 142

一封来自加蓬的感谢信 / 144

CRRC 资阳助力加蓬锰矿运输提效 8% / 146

首批"资阳造"米轨机车登陆阿根廷 / 148

十国留学生与资阳机车的亲密接触 / 150

媒眼视界

"资阳造"！我国首批出口中非地区交流传动内燃机车项目签约 / 154

中车资阳公司与土库曼斯坦用户签订机车备件合同 / 155

"6 台机车 +10 年维保"！我国 2022 年出口加蓬首笔机车订单签约 / 156

"资阳造"！我国机车第四次出口加蓬 / 157

创当地窄轨运输载重纪录，资阳机车在阿根廷备受关注 / 158

挺进中亚十年，"资阳造"机车担纲丝路货运先锋 / 159

异彩电站

新征程，点亮孟加拉国发展之路 / 166

孟加拉国的中车资阳之光 / 173

幸福的见证 / 177

中车电厂助力孟加拉国电视台流畅录放节目 / 179

"感谢你们不惧感染、无私无畏的付出" / 181

来自孟加拉国总理的新年礼物 / 183

护航海外抗疫物资，彰显央企责任担当 / 185

马黑脸上的幸福笑容 / 187

中车电站首次走进南美"天空之镜" / 189

擦亮名片

中国高端内燃机车擦亮"中国名片" / 192

严苛的准入试验 / 194

千万里追寻"资阳造" / 197

来自澳方的珍贵礼物 / 200

一场哈根达斯的赌注 / 201

转变澳大利亚人的"口味" / 204

"Pandaroo"——熊猫与袋鼠结缘 / 208

中车内燃机车出口澳大利亚，谱写高质量发展新篇章 / 209

"资阳造"机车穿越澳大利亚"魔鬼弯道" / 212

光影之美

"令人心动的瞬间"记录经典永恒的美 / 216

澳大利亚摄影展获奖作品选 / 220

后　记 / 223

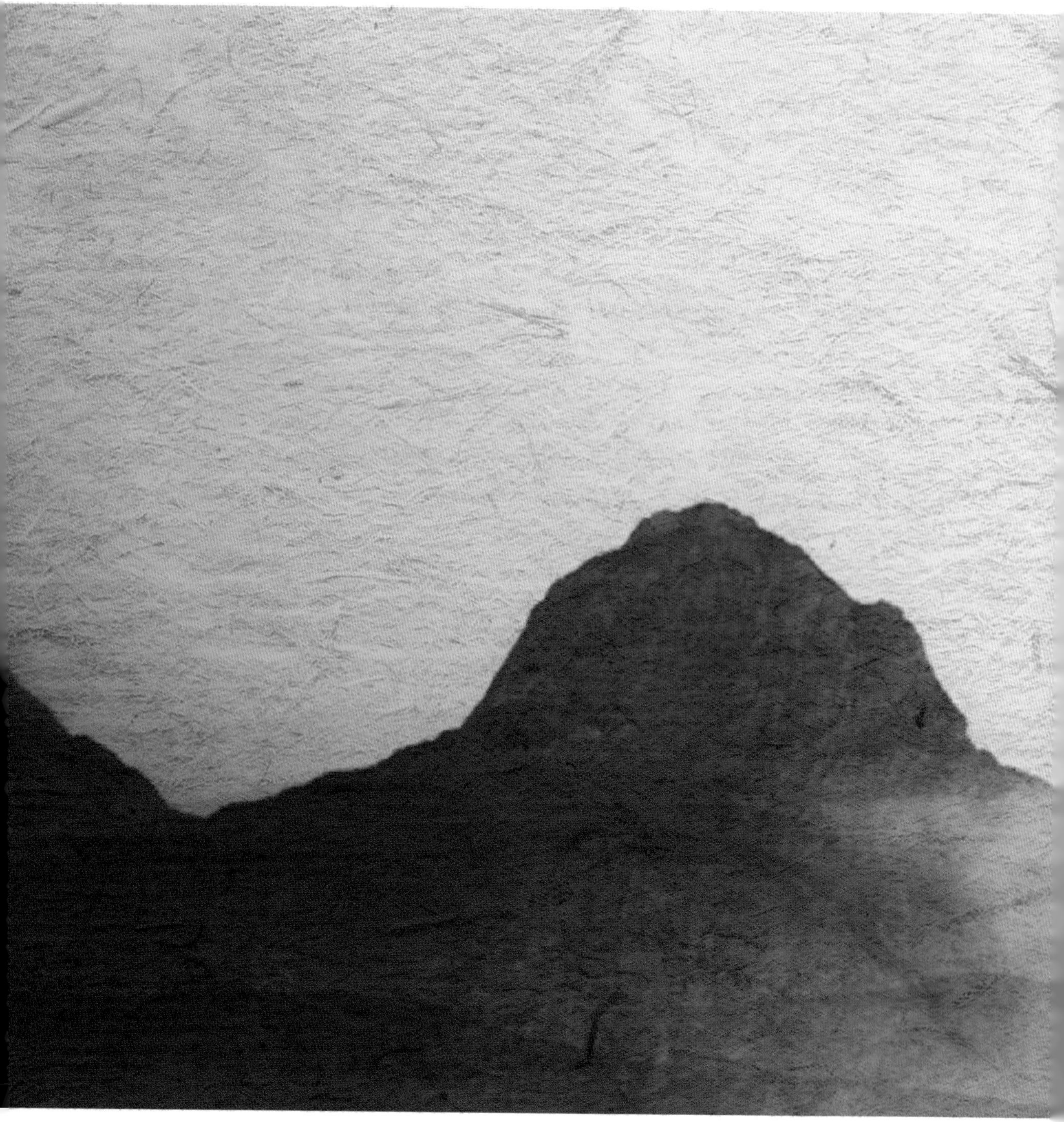

峥嵘岁月

在新的历史条件下，我们提出"一带一路"倡议，就是要继承和发扬丝绸之路精神，把我国发展同沿线国家发展结合起来，把中国梦同沿线各国人民的梦想结合起来，赋予古代丝绸之路以全新的时代内涵。

——习近平在第十八届中共中央政治局第三十一次集体学习时的讲话

1

"一带一路"倡议引领中国机车"走出去"

2013年9月7日,习近平在哈萨克斯坦纳扎尔巴耶夫大学发表重要演讲,提出共建"丝绸之路经济带"重大倡议;2013年10月3日,习近平在印度尼西亚国会发表重要演讲,提出共建"21世纪海上丝绸之路"重大倡议。这就是得到国际社会高度关注的"一带一路"倡议。

2023年是"一带一路"倡议提出十周年。作为构建人类命运共同体的伟大实践,10年来,"一带一路"倡议由理念变为行动,由愿景化为现实,在世界范围内广受欢迎和响应,已成为开放包容、互利互惠、合作共赢的国际合作平台,掀开了世界发展进程新的一页。

10年来,"一带一路"倡议拉动近万亿美元投资,形成3000多个合作项目,为共建"一带一路"国家创造42万个工作岗位,让将近4000万人摆脱贫困,取得了丰硕成果。截至2023年8月,中国已与152个国家、32个国际组织签署200多份共建"一带一路"合作文件,以政策沟通、设施联通、贸易畅通、资金融通和民心相通为合作方向的互补发展,推动共建"一带一路"国家和地区全面提升合作水平,在优势互补中实现了互利共赢。

中国产品在共建"一带一路"国家和地区广受欢迎,中国机车就是其中的"抢手货"。

2015年7月17日,习近平在视察中车长春客车股份有限公司时指出,高铁动车体现了中国装备制造业水平,在"走出去""一带一路"建设方面也是"抢手货",是一张亮丽的名片。希望高铁建设再接再厉、创新驱动、继续领跑、勇攀高峰。

创立于1881年的中国中车把"连接世界,造福人类"的使命写在自己的旗帜上,为民族复兴领跑,为国家强盛领跑,为人类幸福领跑。到今天,中车已成为全球规模领先、品种齐全、技术一流的轨道交通装备供应商，产品覆盖全球100多个国家和地区，以"复兴号"为代表的先进轨道交通装备领跑全世界，成为代表中国的金名片。

中车资阳公司作为中国中车旗下的重要子公司，向全球33个国家和地区出口1100余台机车，三次创造了中国机车的新纪录：

1992年，中车资阳公司向泰国出口两台CK5型米轨液力调车内燃机车，创造了中国机车商品化整机出口"零"的突破。

2006年，中车资阳公司向越南转让机车成套制造技术，开创了中国机车技术输出海外之先河。

2011年，中车资阳公司首次向澳大利亚出口SDA1型交流传动内燃机车，开创了我国高端机车出口发达国家的历史。

2013年，习近平提出"一带一路"倡议，为中车资阳公司走向更广阔的世界指引出了前行的方向。

从东南亚到中亚，从亚洲到大洋洲，从发展中国家到发达国家……10年来，"资阳造"机车穿山越岭、漂洋过海，与泰国、巴基斯坦、土库曼斯坦、哈萨克斯坦、加蓬、阿根廷等国签订订单36个，出口各类机车320余台，在共建"一带一路"国家和地区生根发芽，成为"一带一路"倡议的坚定践行者、推动者和受益者。

不仅要"走出去"，还要"走进去"。

"走出去"的是产品，"走进去"的是产能。在共建"一带一路"国家和地区，以中车为代表的中国轨道交通装备企业，通过本地化制造、本地化采购、本地化用工、本地化服务、本地化管理，深化国际产能合作，带动当地产业发展和就业，为当地经济发展贡献力量。

2010年，中车资阳公司拓展轨道交通产业链，首次在孟加拉国承建3个发电厂和8个变电厂。在项目施工和质保运维期间，公司先后聘用超过1000名当地员工，为本地人提供大量就业机会。

2012年，中车资阳公司自主研制的调车内燃机车首次在哈萨克斯坦实施本地化生产，奠定了中哈两国在轨道交通装备领域深入合作的基础，拉开了哈萨克斯坦本地化生产中国调车内燃机车的序幕。

2014—2016年，中车资阳公司向巴基斯坦出口63台干线内燃机车，其中5台在当地实现本地化组装。中车资阳公司驻当地项目组雇佣巴基斯坦员工，本地化用工占比达56%。

不仅要"走进去",还要"走上去"。

"走进去"的是产能,"走上去"的是品牌。在共建"一带一路"国家和地区,中国中车依托高质量的产品和服务,打造出了代表中国的"金名片",在全球范围内树立了优质、安全、可靠、高效的品牌形象。

共建"一带一路"国家和地区的地理自然条件复杂多变,50℃高温、-50℃低温、高原缺氧、强紫外线、大风沙……一个个极端环境,成为中国机车提升自身技术水平和产品质量的"试金石"。

2016年,中车资阳公司研制的SDA1型机车一次性通过澳大利亚有着"魔鬼弯道"之称的COWAN试验线路考核,获得全境所有线路的运行许可证。澳方总经理因此专门致信中车资阳公司,称中车资阳机车为"山中之王"。

2017年,中车资阳公司向阿根廷出口20台米轨内燃机车,上线运行后承担当地主要货运任务。时任阿根廷总统的马克里亲自登上机车,高度赞扬中国机车降低了阿根廷运输成本,提高了粮食出口效率。

2023年,中车资阳公司结合中亚地理环境、气候特征等,对出口哈萨克斯坦机车开展欧亚经济联盟认证(EAC认证),这是我国首台开展EAC认证的内燃机车,代表中车资阳公司与共建"一带一路"国家和地区在轨道交通领域的合作持续深化。

挑战与机遇共存。从"走出去"到"走进去",再到"走上去",中国机车一路蝶变,在为共建"一带一路"国家和地区提供定制化解决方案的过程中,也在不断超越自我。未来,中国机车将秉承"连接世界、造福人类"的使命,不断为共建"一带一路"国家和地区提供更优质的产品和更完善的服务,让设施更联通,让民心更相通,竭力为"一带一路"倡议贡献自己的力量!

奏响共建"一带一路"合作交响曲

蓝图变实景，未来更可期。

"一带一路"十周年，是中国与共建各国共同演奏的气势磅礴的交响乐。中车资阳公司不仅参与其中，更奏出了动人的乐章。

中车资阳公司是中国中车旗下重要子公司，始创于20世纪60年代，是中华人民共和国

图为中车资阳公司总部大楼

成立后新建的、唯一的内燃机车研制企业，经过近60年发展，主营业务已经形成"1+3"业务矩阵。"1"是机车主营业务，包括电力机车、内燃机车、混合动力机车新造、检修及维保服务等；"3"是新制式轨道交通、发动机和优势零部件三大业务板块。新制式轨道交通业务——包含悬挂式单轨列车、山地齿轨列车及其专用车辆研制；发动机业务——涵盖机车、船用、燃气发动机，柴油、燃气发电机组，电站总包集成及运行维护等；优势零部件业务——中速发动机全纤维锻钢曲轴、大中型锻件等已成长为我国重要的研制生产基地。

中车资阳公司累计生产的各型内燃、电力机车7000多台，辐射到中国干线铁路、地方（合资）铁路、城市轨道交通、冶金、石化、矿山、港口等多个行业，在中国工矿调车机车市场的占有率超过50%。

在近60年的发展历程中，中车资阳公司已成为中国混合动力机车、齿轨列车领域的首创者。2005年，中车资阳公司开始研究混合动力机车，先后研制出200～2500kW不同功率等级的混合动力机车，节能、减排、降噪效果显著。额定功率2200kW的HXN6型混合动力调车机车是具有自主知识产权的、我国首台商品化世界最大功率油电混合动力机车，也是目前我国首个取得国家铁路局颁发的《型号合格证》和《制造许可证》的机车。此外，中车资阳公司还创新性地实现了轨道交通技术向山地发展，牵头制定了国内齿轨车辆整车技术标准。

乘着对外开放的东风，中车资阳公司彰显国际化经营风范，已然成为中国内燃动力产品走出国门的领军者，在行业内开创了中国机车出口的多项第一：1992年，首批两台内燃机车出口泰国，开创中国出口商品机车历史先河；2006年，向越南转让"革新号"机车技术，在中国首次实现机车技术输出；2011年，自主研制的大功率交流传动内燃机车出口澳大利亚，在中国首次实现向发达国家出口高端机车。

截至2022年年底，中车资阳公司已向亚洲、非洲、美洲、大洋洲的33个国家出口了1100余台内燃机车，超过中国内燃机车出口总量的50%，其中90%以上的产品覆盖哈萨克斯坦、土库曼斯坦、巴基斯坦等共建"一带一路"国家和地区。

在东南亚：中车资阳公司创造中国机车出口两项历史

东南亚位于亚洲东南部，面积约457万平方千米，人口6.25亿。东南亚地区包括越南、泰国、马来西亚等11个国家，是世界上天然橡胶、油棕、椰子和蕉麻等热带经

奏响共建"一带一路"合作交响曲

MOMENTS OF PRIDE

图为泰国清迈多伊因萨农国家公园的地标佛塔

图为越南首都河内著名的火车街

济作物的最大产区，石油和锡是主要矿产，水稻是主要粮食作物。泰国、缅甸和越南是世界上重要的稻米生产国和出口国。

目前，东南亚地区的铁路建设正处于高速发展期，一些国家和地区正在积极推进铁路建设，促进地区经济的发展。随着东南亚地区经济的不断发展和交通运输需求的增加，铁路建设将成为未来重要的发展方向。

中车资阳公司在东南亚地区累计出口机车139台，出口车型主要有CK5、CKD7F、SDA4、DF8B等，主要出口国家为泰国、越南、马来西亚。

1992年，首批两台CK5型内燃机车出口泰国，开创中国商品化机车出口历史先河。公司先后向泰国出口CK5型液力传动机车、SDA4型交流传动机车20余台。2016年，公司为泰国企业提供的8台SDA4型交流传动机车正式上线，运用于泰铁干线。这批机车开创了泰国公私合营的先例，即由私人公司采购机车运用于泰铁干线货运，极大地促进了泰国轨道交通运输业的进一步发展。

2006年，公司成功与越南铁路总公司签订20台CKD7F型机车本地化组装项目合同，开创了中国机车制造技术输出海外的历史先河，实现了机车本地化生产零突破。公司先后向越南铁路提供成品及散件组装机车90余台。目前，在越南，占越南机车总量近1/3的资阳机车，承担越南铁路50%以上的送转任务，各型机车成为越南铁路的主力军。

在中亚：中车资阳公司成为不可或缺的合作伙伴

中亚是贯通亚欧大陆的交通枢纽，历来是东进西出和南下北上的必经之地，古代的丝绸之路便途经于此。中亚五国分别是土库曼斯坦、吉尔吉斯斯坦、乌兹别克斯坦、塔吉克斯坦和哈萨克斯坦。

其中，土库曼斯坦约80%的国土被卡拉库姆大沙漠覆盖，并蕴藏着丰富的石油和天然气资源。据测算，土库曼斯坦天然气储量位居全球第四位。截至2018年，土库曼斯坦境内铁路总长度为7680千米。哈萨克斯坦是中亚五国中面积最大的国家，截至2021年年底，哈萨克斯坦铁路干线总里程约1.6万千米，铁路交通在其全国交通运输中扮演着重要角色。

2004年，中车资阳公司首次进入中亚机车市场，目前已为"中亚五国"中的土库曼斯坦、哈萨克斯坦、乌兹别克斯坦提供各类内燃机车超过470台，并与包括哈萨克

图为土库曼斯坦国家博物馆

斯坦国家铁路公司、土库曼斯坦铁道署在内的13家企业建立了合作关系。

土库曼斯坦境内共有300多台机车，其中281台是"资阳造"的CKD9A、CKD9C、CKD6E等车型的宽轨内燃机车，它们承担着土库曼斯坦95%以上铁路客、货运量。2004年，资阳机车首次出口土库曼斯坦；2022年，中车资阳公司与土库曼斯坦铁路用户签署了价值高达3000余万美元的机车备件合同，这是中土经贸交往合作的又一丰硕成果。

中车资阳公司出口的SDD4、CKD9C、CKD6E、SDD5等车型的宽轨内燃机车，在哈萨克斯坦干线货运上发挥着重要作用。哈方采用资阳机车从阿斯塔纳（哈萨克斯坦首都）前往中国运送铁矿石，相较其他机车，同样的费用每次能多运1000吨。

在南亚：中车资阳公司为中巴友谊增添新动力

南亚，泛指喜马拉雅山脉南侧到印度洋之间的广大地区。南亚包含了世界超过1/5的人口，区域国家包括巴基斯坦、孟加拉国、印度等。

巴基斯坦，意为"圣洁的土地""清真之国"，是世界贸易组织、77国集团、上海合作组织和英联邦成员国，也是"一带一路"上的重要支点国家，中巴经济走廊更是"一带一路"高质量发展的示范工程。巴基斯坦政府在《2030年远景规划》中确立了"使铁路成为国家主要运输形式、运输系统逐渐盈利、有力促进国家经济发展"的目标。

中车资阳公司是巴基斯坦重要的机车供应商，也是中国企业在当地实施机车"产品+技术+维保"的典范。2014—2016年，中车资阳公司向巴基斯坦铁道部提供了63台干线内燃机车，其中5台在当地实现了本地化组装。这些机车主要被应用于巴基斯坦三大主干线的客运和货运，承担了当地60%～70%的运输任务。由于资阳机车的运用，当地铁路运营以每年30%的速度增长，客运准点率从42%提升到77%。2017年，巴基斯坦铁道部与中车资阳公司签订维保服务合同，机车可利用率由原来的80%上升至93%。维保服务也为更多的本地人提供了就业机会。中车资阳公司驻当地项目组雇用了16名本地员工，本地化用工占比达56%。更多的巴基斯坦民众，因资阳机车的到来，学习掌握了更多新技术，还见证了资阳机车为当地人民生活带来的变化。

图为巴基斯坦拉合尔枢纽火车站

孟加拉国，是重要的南亚国家和快速成长的新兴经济体，有"孟加拉湾明珠"的美誉。中车资阳公司在研制机车发动机的技术底蕴上，有效进行了业务板块的拓展，实现了机车发动机集成大型发电机组、并以此为核心建设电站总包工程的相关多元化

奏响共建"一带一路"
合作交响曲

MOMENTS OF PRIDE

图为孟加拉人在达卡港繁忙工作

业务。2010年，作为管理承包商，中车资阳公司首次服务孟加拉国市场，先后承建了当地3个发电厂和8个变电厂，并为电厂提供运行维护服务。在项目施工和质保运维期间，中车资阳公司先后聘用了总计超1000名的当地员工。在为本地人提供就业机会的同时，中车资阳公司注重培训本地员工，不断提升他们的电站运维水平。项目建成后，由于性能优异，电站获得了各相关业主签发的满意度证书，截至2023年年底，所有电站和变电站项目运行良好。中车资阳公司在孟加拉国承建的电站和变电站项目为"金色孟加拉"之梦注入了美丽的中国元素。

在拉丁美洲：资阳机车成为铁路运输主力军

拉丁美洲是指美国以南的美洲地区，包括墨西哥、中美洲、西印度群岛和南美洲，有阿根廷、古巴、委内瑞拉、巴西等33个国家。拉丁美洲许多地区气候适宜，雨水充足，土壤肥沃，农产丰富，主要粮食作物有水稻、小麦和玉米；经济作物以甘蔗、咖啡、香蕉、棉花为主；糖产量约占世界糖产量的四分之一。

图为阿根廷足球运动员

中车资阳公司向拉丁美洲出口机车156台，车型主要有CDD6A1窄轨内燃机车、DF7G准轨内燃机车等，出口国家主要集中在阿根廷、古巴等。

在阿根廷，截至2018年，中车资阳公司共为阿根廷贝尔格拉诺线运营线路（简称"贝铁"）提供了40台CDD6A1型米轨内燃机车，占此条运营线路上机车总量的70%，在当地主要承担谷物等粮食运输。"资阳造"米轨机车担当阿根廷贝尔格拉诺铁路公司主力铁路运输机型后，3次刷新阿根廷"贝铁"27年来的运量纪录：2018年度的总运量超过200万吨，比2017年同期总运量增加了66%，创造了中车资阳公司1992年以来的历史记录；2018年9月贝铁运量与上年同期相比增长103%，创下最高月纪录；2018年12月份，运量再创新高，达到182 379吨，为1992年以来最大月运量历史纪录。

在古巴，资阳机车占当地机车总量的25%左右，主要运输糖及其副产品，以及其他大宗商品包括燃料、矿物、水泥、谷物、烟草和水果等。

在非洲：中车资阳公司为10余个国家铁路建设贡献力量

非洲，土地面积大约为3020万平方千米，约占全球总陆地面积的20.2%，是世界第二大洲，同时也是人口第二大洲。非洲已探明的矿物资源种类多，储量大，石油、天然气蕴藏丰富，许多矿物的储量位居世界前列。随着我国"一带一路"倡议和铁路"走出去"政策不断深入推进实施，中资企业推动实施了一大批铁路项目。

中车资阳公司是中国出口内燃机车到非洲覆盖国家最广、数量最多的企业，截至2023年2月，中车资阳公司已向非洲15个国家累计出口各型干线客货运及调车内燃机车224台，内燃动车组10列。它们分别运用于高温、高寒、高湿、高海拔、高风沙等多种复杂环境。

因多年服务于非洲市场，中车资阳公司谙熟非洲特殊复杂的环境，通过采取"产品+服务"的方式，助推了多个国家的客户获得经济发展，为加蓬等国家提供了超过十年的维保服务。以资阳机车为代表的中国机车已成为加蓬锰矿运输的主力军，承担当地各种矿物资源等大宗商品运输，年货运量逐年攀升。2021年为加蓬市场客户实现了580万吨运输任务，2022年实现了720万吨运输任务，2023年预计实现800万吨运输任务。

此外，中车资阳公司为非洲提供的内燃动车组年均发送旅客约95万人次，成为提升当地人民出行幸福指数的重要力量。

图为非洲乞力马扎罗火山安波塞利国家公园中的长颈鹿

3

"新丝路"上链接幸福的"钢铁骆驼"

——中车资阳公司践行"一带一路"倡议十周年暨
纪念中国商品化机车出口跨越三十年

丝路花开，幸福彼此。

2023年，是"一带一路"倡议提出十周年。十年来，中国与共建"一带一路"国家共商共建共享，取得丰硕成果，不仅有效促进了中国自身经济社会发展，而且为共建"一带一路"国家及其人民带来更多福祉。

共建"一带一路"，为中国轨道交通装备"走出去"创造了历史性的机遇，奔驰在万里铁路线上的"钢铁骆驼"，在这十年中也成为推动"一带一路"倡议的

图为中车资阳公司交车线

"主力军"。

中车资阳公司作为中国中车旗下的重要子企业，是中国轨道交通行业最早"走出去"的企业，因"三开行业先河"被载入史册：

1992年，向泰国出口两台机车，开创了中国商品化机车整机出口之先河；

2006年，向越南转让机车成套制造技术，开创了中国机车车辆技术输出之先河；

2011年，向澳大利亚出口高端内燃机车，首开中国自主研制交流传动内燃机车出口发达国家之先河。

1992—2023年，这31年来，中车资阳公司先后为全球33个国家和地区提供各类机车1100余台，占中国出口内燃机车总量的50%以上，尤其是近10年来，机车出口数量快速增长，不仅成为我国出口内燃机车的领军者，更率先践行了"一带一路"倡议，成为链接沿线多个国家的幸福使者，擦亮了中国轨道交通装备行业的金名片。

中国机车从这里走向世界

从最早的"引进来"，到"走出去"，以资阳机车为代表的中国内燃机车出口不断创造历史、实现新跨越。

四川资阳，四川省唯一连接成渝"双核"的区域性中心城市，西迎成都、东接重庆，被誉为"成渝之心，巴蜀门户"。

这片曾被毛泽东称赞为"好地方"的"红土地"，"因为一个厂，兴了一座城"，而这个厂就是当时的铁道部资阳内燃机车工厂，今天的中车资阳公司。

发端于20世纪60年代的中车资阳公司，虽地处中国内陆腹地，但却有着敢闯敢拼的"性格"。

1992年年初，已是88岁高龄的邓小平先后到武昌、深圳、珠海、上海等地视察，发表了一系列重要讲话，他指出："改革开放胆子要大一些，敢于试验……看准了的，就大胆地试，大胆地闯。"

在邓小平南方谈话的鼓舞下，铁道部资阳内燃机车工厂（现中车资阳公司）大胆迈出"走出国门"的步伐。

1992年1月6日，铁道部资阳内燃机车工厂（现中车资阳公司）在激烈的国际市场竞争中，战胜美国、日本、韩国的多家公司竞争对手，赢得泰国TPI水泥公司2台 CK5

型米轨液力调车内燃机车，拿下了中国出口海外机车第一单。

这条消息在行业中犹如平地起惊雷。这是中国企业签订的首批商品化出口机车！回首中国机车车辆工业的发展史，中华人民共和国成立之初，由于我国机车工业基础底子薄弱，早期的机车都是从国外进口。其后的40余年，我国逐渐实现了内燃机车、电力机车的生产自制。但要实现向国外出口，却是国人还没有做到的大课题。然而，彼时的铁道部资阳内燃机车工厂以敢为人先的大无畏勇气，积极参与国际竞争，成功获取了两台泰国机车订单，彻底洗刷了这一"屈辱史"，实现了中国机车从国外进口到向国外商品化出口的重大转折！这在中国机车车辆工业发展史上意义非凡！

从此，中国机车商品化出口掀开历史新篇章，中国人民自立自强的精神在四川资阳有了新的诠释！

回溯当年，要成为我国内燃机车商品化出口的开拓者并非易事。30余年前的泰国早与美国、日本、韩国等大企业合作过，由于首次和中国企业合作，他们在当时的国际惯例上给出了十分苛刻的条件：生产工期8个月，比国际生产惯例减少了1/4。

咬着牙也要上，拼了！这是要圆我世代铁路员工孜孜以求的"出口梦"！机车厂全体干部员工夜以继日、争分夺秒，感人至深的故事频繁发生着——有春节休息一天

图为铁道部资阳内燃机车工厂（现中车资阳公司）首台出口泰国的机车

"新丝路"上链接幸福的"钢铁骆驼"

MOMENTS OF PRIDE

图为铁道部资阳内燃机车工厂（现中车资阳公司）首台出口泰国的机车下线

便投入会战的设计师群体，有忘记病痛仍坚持做复杂铸件的铸造工，有连续数十天未休息的操作工人和领导干部，有摔伤了仍不忘关心现场工艺的技师……

这样的闯劲、拼劲，让泰国机车检验师也由衷赞叹："凭着这种精神，你们工厂，你们民族是大有希望的。"

苍天不负有心人，在历尽千辛万苦后，1992年10月，机车工厂首台出口泰国的CK5型机车成功下线，圆满兑现了"当年签单、当年出车"的诺言，成功挤进东南亚市场，实现了中国商品化内燃机车整机出口零的突破，也创造了从投标到交车时间最短的国际制造奇迹！

勇敢"闯"、大胆"试"、扎实"干"，"走出去"的道路越来越宽阔……以泰国为起点，中车资阳公司从此在国际市场乘风破浪。

2000年，资阳内燃机车厂（现中车资阳公司）向坦桑尼亚出口4台机车；2001年，在越南机车的国际招标采购中，机车厂以雄厚的实力一举中标10台"革新号"干线内燃机车。

让人感到惊讶的是，资阳内燃机车厂（现中车资阳公司）仅用6个月时间就完成了越南机车从设计到制造的全流程，并提前17天交车，再一次创下了世界机车制造史交货周期最短纪录！强大的产品研制能力和快速的市场响应能力，让资阳机车在越南

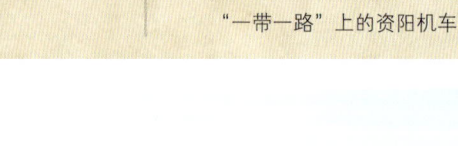

图为奔驰在越南的"革新号"机车

市场一炮打响!

2006年5月19日,中车资阳公司向越南出口20台CKD7F型内燃机车整机及技术出口合同签字仪式在越南河内市举行。该合同的签订,开创了我国向国外输出机车制造技术的先河,标志着我国内燃机车行业实现了从整机出口到技术输出的新跨越!

这一步跨越,距离首次商品化机车出口仅14年,中车资阳公司又一次创造了历史。

中车资阳公司先后向越南铁路提供的机车产品超过90台,成为越南最大的机车供应商,占越南机车总量近1/3的资阳机车,承担越南铁路50%以上的送转任务,各型机车成为越南铁路的主力军。

仅仅出口发展中国家还远远不够。

中车资阳公司加快自主创新步伐,积极研制出具有世界先进水平的交流传动内燃机车,向发达国家市场进军。

2010年9月,中车资阳公司与澳大利亚SCT公司签订首批6台交流传动内燃机车购销合同。这是中国高端内燃机车出口发达国家的第一单!

不过,这在当时的同行企业看来,无疑是"自寻死路",因为澳大利亚用户要融合美国和欧洲标准对这批机车进行认证和考核，要求非常苛刻。比如，机车黏着系数，这是评价机车设计性能和先进性的核心指标之一，澳方要求机车持续牵引黏着系数要达到0.396，启动黏着系数必须达到0.456的国际先进水平，这对于中车资阳公司以及整个中国机车制造业来说都是前所未有的挑战。

当时，质疑声音频频传来："搞不好的话，砸掉的可不只是中车资阳公司的牌子，更是中国的牌子！"

面对质疑，中车资阳公司成竹在胸：公司已成功研制了"西部之光"交流传动机车，对设计交流传动机车有着自己的技术底蕴和独到的技术理解；公司拥有六轴电力机车制造技术并实现向内燃机车平移，焊接标准接轨了EN15085欧洲焊接体系。此外，一支创新敢拼的职工队伍紧紧团结在一起。这些条件，就是中车资阳公司敢吃"螃蟹"的信心和底气！

精心设计、匠心制造，中车资阳公司上下认真贯彻每一道标准，严格执行每一道工序，把精、细、严落实到机车研制过程中的每一个细节。

2011年7月22日，中车资阳公司的交车线上彩旗飘扬、鼓声阵阵，首台出口澳大利亚机车成功下线。2011年年底，6台装点一新的机车分两批奔赴大洋洲，实现了我国具

图为公司成功研制的"西部之光"

图为在澳大利亚牵引货物的"资阳造"高端内燃机车

有自主知识产权、代表世界先进水平的高端内燃机车首次向发达国家出口零的突破!

"从单纯输出产品到输出技术,从出口传统直流机车到出口高端交流机车,从出口发展中国家到出口发达国家",中车资阳公司在国际化经营的路上,不断蝶变。

绽放在世界的资机力量

从产品出海到技术出海,资阳机车在"走出去"的过程中,取得了一串串骄人业绩,成为中国出口内燃机车的经典亮色。

2013年9月7日,国家主席习近平在哈萨克斯坦纳扎尔巴耶夫大学发表重要演讲,提出共建"丝绸之路经济带"倡议。同年10月,他在印度尼西亚国会发表演讲时又提

"新丝路"上链接幸福的
"钢铁骆驼"

MOMENTS OF PRIDE

图为在巴基斯坦运行的资阳机车

出共建"21世纪海上丝绸之路"倡议,由此共同构成"一带一路"倡议。

"一带一路"倡议的提出,为中国企业"走出去",积极服务共建国家、促进共建共享、互利共赢起到了强大的引领作用。

好风凭借力。乘着"一带一路"倡议的东风,中车资阳公司不断拓展国际市场。2013—2023年,中车资阳公司陆续为巴基斯坦、泰国、土库曼斯坦、哈萨克斯坦、阿根廷、加蓬、刚果(金)等国的用户提供各类机车320余台,成为"一带一路"倡议的坚定践行者、推动者和受益者。

巴基斯坦是中国人民的铁杆朋友,也是中车资阳公司"走出去"的重要合作伙伴。

"一带一路"建设样板工程、中巴经济走廊合作项目广受关注。轨道交通建设是中巴经济走廊的重要内容之一，中车资阳公司紧紧抓住这一重要契机，在巴基斯坦实现了从"走出去"到"走进去"，再到"走上去"三部曲。

2013年，巴基斯坦铁路公司为恢复消费者信心并创造经济收入，全球招标采购机车。中车资阳公司与行业巨头GE、EMD等公司同台竞技，最终凭借良好的综合实力，赢得了巴基斯坦63台干线内燃机车订单，其中5台机车在巴基斯坦实行本地化组装。

"提供设计先进、质量可靠的产品"，仅仅是中车资阳公司在巴基斯坦迈出的第一步。

授人以鱼不如授人以渔，2013年，中车资阳公司通过机车本地化组装方式，向巴基斯坦输出中国机车技术，帮助对方掌握了机车工作原理、组装操作流程等，甚至动手教他们制作工装工具等。2014年年底，首台本地化组装机车成功下线。通过本地化项目，中车资阳公司成功在巴基斯坦实现"走进去、留下来"，塑造了中国企业的新形象、新实力，赢得了巴方的尊重。该项目成为中巴合作双赢的典范。

图为在巴基斯坦担当牵引任务的资阳机车

"新丝路"上链接幸福的
"钢铁骆驼"

MOMENTS OF PRIDE

图为非洲人民点赞内燃动车组

2017年7月，双方合作再升级，签订了三年期的维保服务合同。期间，由于巴方原因，项目暂停。2022年8月，该项目顺利重启。2023年8月，维保项目圆满收官。

至此，中车资阳公司在巴基斯坦实现了"产品+技术+服务"递进式融合，这样的"出海"模式，成为"走出去"企业的样本项目。

中车资阳公司不仅与巴基斯坦合作成为业内楷模，与泰国用户二十年后再"牵手"也传来佳话。

由于资阳机车良好的可靠性、较高的利用率以及公司优秀的售后服务，2013年，泰国TPI公司成为中车资阳公司的"回头客"：采购8台SDA4型窄轨交流传动机车。

这是泰国TPI公司在20年后，又一次与中车资阳公司"牵手"，谱写了"一带一路"倡议下，中泰两国在轨道交通建设领域交流合作的新篇章。

让我们把目光从北半球的亚洲转到南半球的南美洲。

在这里，有一个被称为"世界粮仓"和"世界肉库"的国家，它就是阿根廷。

中车资阳公司先后向阿根廷贝尔格拉诺铁路公司（以下简称"贝铁"）提供了40台米轨内燃机车，这些机车成为该公司的货运"主力军"。2017年9月，时任阿根廷总统马克里在参观阿根廷新建的米轨线路时，亲自登上资阳机车，高度赞扬中国制造的米轨机车极大地提高了阿根廷的粮食出口效率，降低了运输成本。

这一年，中车资阳公司再次实现新跨越。

2017年10月16日，上海港。

巨大的龙门吊吊起一列列动车组、一辆辆拖车，装船入海。这是中车资阳公司首次自主研发集成的2列内燃动车组，发往非洲时的壮观场景。

从出口内燃机车，到出口内燃动车组，中车资阳公司再次实现了新突破。到目前为止，先后有10列"资阳造"内燃动车驰骋在广袤的非洲大地上，成为当地一道道移动的风景线。

位于非洲中部西海岸的加蓬共和国，也是资阳机车的忠诚用户。

从2010年至今，中车资阳公司累计向加蓬出口了22台机车。这些机车已成为当地锰矿运输的主要牵引动力。

至今，中车资阳公司累计为非洲10余个国家提供了各型内燃机车数百台，成为我国内燃机车出口非洲覆盖国家最广、数量最多的企业。

时光荏苒，时间来到了2019年。历史为中车资阳公司未来的发展注入了全新动力！这个中国出口内燃机车领军者站上了全新的发展平台：

中国中车决定实施株洲电力机车有限公司与资阳公司重组整合（简称"株资重组"），推进战略业务结构布局。2020年7月，中车株机公司与中车资阳公司重组整合后新领导履新，中车资阳公司发展迈向新阶段。

重组整合后，中车株机公司为中车资阳公司输入了优秀的管理经验，尤其是先进的国际市场营销经验，为中车资阳公司国际化经营写入新代码：

——实施营销模式变革，构建大客户营销模式；

——打造市场、技术、项目'铁三角'，项目赢单率不断提高；

——从"游击战"变"阵地战"，潜在客户蓄水池不断壮大；

——优化分配模式，完善激励机制，市场开发人员干事创业积极性高涨；

——践行"攻略有方，团结协作，永不放弃"的市场文化，"狼性"营销成为营销团队的行动准则；

——贯彻"五本经营"理念，实施"本地化"战略，澳大利亚、哈萨克斯坦、

"新丝路"上链接幸福的
"钢铁骆驼"

MOMENTS OF PRIDE

土库曼斯坦、加蓬以及巴基斯坦，本地化服务、本地化用工、本地化管理等已搭建成型。

一条条经验，一项项措施，保证了中车资阳公司在全球新冠疫情肆虐、经济复苏乏力的艰难背景下，国际市场"风景独好"、逆势飘红。

株资重组三年来，中车资阳公司国际市场业务2021年较2020年增长36%，2022年较2021年增长146%。尤其是2022年，在全球经济遭受重创的情况下，中车资阳公司实现了直接海外出口和新签订单创历史最高纪录，全年完成海外销售收入较2020年增长245%，新签订单较2020年增长353%。

成绩的背后，是市场营销人员的艰辛付出。

姜亚瀚，中车资阳公司国际市场部独联体区销售经理。2021年4月，他毅然前往哈萨克斯坦。在刚刚到达哈萨克斯坦首都阿斯塔纳的第三天，他不幸感染了新冠病毒。"左肺感染71%，右肺感染52%，"他被送往当地医院就医时，医生警告他说，"再晚一天住院，可能就无法医治了。"住院治疗两周后，身体刚有一点康复，他又很快投入到工作中。

图为中车资阳公司与土库曼斯坦铁路用户线上签署机车备件合同

025

正是市场营销人员的这种拼劲，让中车资阳公司与共建"一带一路"国家和地区的合作项目越来越多。

2022年，中车资阳公司克服新冠疫情的影响，与土库曼斯坦客户签署了15组30台双机重联干线货运内燃机车合同。这是近十年来，我国获得土库曼斯坦最大的一笔内燃机车订单。

2023年1月4日，中车资阳公司与土库曼斯坦铁路用户通过线上签署了价值3000余万美元的机车备件合同。这是中土两国建交31周年以来双方签订的最大一笔机车备件合同，也是中土深化经贸交往，在轨道交通领域合作取得的又一丰硕成果。

2023年1月19日，中车资阳公司结合中亚地理环境、气候特征等，按照新标准自主研制的CKD9C型机车发往哈萨克斯坦，开展欧亚经济联盟认证（EAC认证）。这是我国首台开展EAC认证的内燃机车，代表中车资阳公司与中亚各国在轨道交通领域的合作进一步深化。

2023年1月，中车资阳公司通过"云签约"方式，与刚果（金）业主签署了6台窄轨交流传动内燃机车设计制造及10年维保服务合同。这是我国交流传动内燃机车首次出口中非地区。

……

喜讯连连，捷报频传。这些成绩的取得，鼓舞着中车资阳公司继续与共建"一带一路"国家和地区携手同行，在共建、共享、共赢的轨道上走得更远。

幸福牵手YOU和ME

双向奔赴的合作，才能彼此赋能、共同成就；双向奔赴的牵手，才能让"一带一路"成为一条通往幸福的阳光之路。

"中国的发展离不开世界，世界的繁荣也需要中国"，"一带一路"倡议提出10年来，迄今已经吸引了世界上超过3/4的国家和32个国际组织参与其中。"一带一路"倡议，不仅造福了中国人民，而且造福了共建国家及其人民，让世界看到了中国担当。

10年间，中车资阳公司与共建国家开展的各个项目也落地生根、开花结果，成为民心相通的典范。

"新丝路"上链接幸福的"钢铁骆驼"

MOMENTS OF PRIDE

图为出口泰国的交流传动机车

泰国,这个美丽的国度,不仅旅游资源丰富,而且是我国推行"一带一路"倡议的重要伙伴。31年前的牵手,泰国TPI公司成为我国商品化机车的"第一"国际用户,中车资阳公司也成为我国机车"走出去"的第一家企业。

"30多年前购买的8台液力传动机车,至今运用良好;10年前购买的8台交流传动机车,成为TPI货物运输的中坚力量,可利用率高达97.32%,我们非常满意资阳机车!"泰国TPI公司副总裁比差先生充满感情地说道。

泰国的一位资深车迷努特,因为热爱中国机车,结缘资阳机车,他用素描的方式,形象细腻地画出中车资阳公司出口泰国TPI公司交流传动机车的模样,并在他的社交媒体上分享。"对我这个泰国车迷来说,四川最著名的不仅有大熊猫,还有我梦中基地所生产的资阳火车头。"他说,"我要让全世界的车迷朋友,都知道中国有很多高品质的火车。"

巴基斯坦在引入资阳机车之前,现有的470余台机车,只有180台可勉强运营,大部分严重超期服役,影响了该国客户信心,巴基斯坦铁路运输也长年处于亏损的运营状态。

从2014年4月起，中车资阳公司为巴基斯坦提供的63台机车陆续交付。资阳机车的到来，快速为当地创造了良好的经济效益：2014年8月14日，是巴基斯坦独立日，巴基斯坦铁路公司组织了16台"资阳造"机车投入运用，当天便创收8000万卢比（约合80万美金）。

不仅仅是经济效益，资阳机车还大大提高了巴基斯坦的铁路运营效率。从2014—2018年，巴基斯坦铁路运营以每年30.5%的速度增长，改变了长年亏损的现状；客运准点率从42%提升到77%；货运营业收入从13%攀升至31%，且每天从港口发出的货运列车班次也从1次增加至12次。

资阳机车不仅使巴基斯坦铁路运营效率发生翻天覆地的变化，而且为当地创造了100多个就业岗位，玛莫娜就是其中的一员。身为女性的她在大学毕业后找不到工作，资阳机车的到来，不仅使她拥有了就业机会，还使她成为当地第一位为巴基斯坦铁路机务段工作的女性。"感谢中国倡导的'一带一路'建设，感谢中车资阳公司提供的产品和服务造福我的家乡和人民。"玛莫娜很开心地表示，将珍惜工作机会，更加努力工作，回报中车，回报中国。

"从白沙瓦雄伟的山峰到卡拉奇充满活力的街道，中车资阳公司的机车穿越令人惊叹的景观，提供舒适高效的交通方式。这些机车已然成为数百万人的生命线，使他们能够轻松、安全、准时地到达目的地。"这是2023年7月，巴基斯坦人民通过媒体网站，传播的对中国机车的喜爱。

在土库曼斯坦，曾流行着这样一句话："买火车就买中车资阳的。"土库曼斯坦前总统尼亚佐夫名字命名的总统专列，也选用了资阳机车作牵引。时至今日，走在土库曼斯坦首都阿什哈巴德街头，可常见以资阳机车作为背景元素的挂图和海报。

为什么土库曼斯坦人民如此热爱资阳机车？

中车资阳公司先后向土库曼斯坦提供大功率内燃客运、货运及调车机车达281台（节），成为土库曼斯坦轨道交通最大供应商。这些机车承担了当地95%左右的铁路货运量和客运量，为推动该国经济发展作出了重要贡献。

无论是土库曼斯坦境内铁路运输，还是跨境铁路运输，主要运输量都由资阳机车承担。土库曼斯坦—哈萨克斯坦、土库曼斯坦—阿富汗、土库曼斯坦—乌兹别克斯坦等，这些亚欧枢纽上的跨境运输线，是土库曼斯坦铁路运输进出口的主要通道，线路上的货运工作，几乎都由资阳机车牵引完成。

"新丝路"上链接幸福的"钢铁骆驼"

MOMENTS OF PRIDE

图为在土库曼斯坦运行的大功率双机货运干线内燃机车

2022年年底，中车资阳公司新提供的CKD9A-1型大功率双机货运干线内燃机车，被运用于土库曼斯坦边境运输，该线路最大坡度达23‰。该国境内，目前仅有资阳机车有能力完成这条线路的运输。

点点滴滴，无一不是热爱的理由。

土库曼斯坦机车项目，还促进了民心相通。中车资阳公司的俄语翻译陈曦，和来自土耳其的小伙Safak Yuce通过此项目，收获了一生的幸福。

2018年，中车资阳公司向土库曼斯坦客户交付5台机车，陈曦担任俄语翻译，认识了对方负责机车验收工作的Safak Yuce。经过相互接触，两人在工作中擦出爱的火花。2020—2023年，身处异国的两人不仅没有分开，反而更加坚定地"在一起"。2023年8月，两个相爱的年轻人在资阳喜结良缘，成就了一段中土爱情佳话。

在哈萨克斯坦，主要城市货运调转及跨境运输，资阳机车同样作出了重要贡献。

阿拉木图州和东哈州是铁路最繁忙的两个区域，货物运输量极大，"资阳造"调车机车成为车站牵引任务的"主力军"。

在哈萨克斯坦跨境运输中，资阳机车同样不可替代。中国和哈萨克斯坦的双边贸易，过境哈萨克斯坦的中欧班列，哈萨克斯坦阿拉木图山口至多斯多克的过境调转运输任务，等等，货物运输大部分也由资阳机车承担。

由于先进的技术、可靠的性能、优异的运行业绩，哈萨克斯坦用户对资阳机车给予高度认可："资阳造CKD9C型双机重联货运干线内燃机车，最大功率为4860千瓦，从哈萨克斯坦首都阿斯塔纳把铁矿石运往中国，用资阳机车较其他机车，同样的费用每次能多运1000吨。"

在阿根廷，2018年，中车"资阳造"出口阿根廷的米轨机车三次刷新贝尔格拉诺铁路（简称"贝铁"）公司的运量纪录。

图为出口哈萨克斯坦的调车机车

"新丝路"上链接幸福的"钢铁骆驼"

MOMENTS OF PRIDE

图为在阿根廷运行的米轨机车

　　2018年9月，"贝铁"运量与上年同期相比增长103%，创下最高月纪录；当年12月，运量再创新高，达到182 379吨，为1992年以来27年来最大月运量历史纪录。2018年度，"贝铁"公司总运量超过200万吨，比2017年同期总运量增加了66%，创造了该公司1992年以来的历史新高。据当地媒体《编年史报》2018年10月24日报道，阿根廷交通部部长威廉·迪特里希盛赞道："我们正在加速改变着阿根廷中北部地区人民的生活质量。中国中车是全球最好的轨道车辆制造商之一，车辆的性价比和优异表现值得信任。"

　　一辆辆机车，一张张笑脸，勾勒出中车资阳公司与共建"一带一路"国家和地区合作共赢的美丽画卷。沿着"一带一路"这条阳光大道，中车资阳公司将努力前行，不断促进共建国家经济发展，让机车这条"钢铁巨龙"造福更多地区和人民，成为新丝路上链接幸福的桥梁和纽带！

4

圆 梦

——记中国首台商品化出口机车生产的二百四十多个日日夜夜

1992年10月29日，铁道部资阳内燃机车工厂（现中车资阳公司）机车分厂总装车间。

当拓展市场的浪潮与历史馈赠的机遇在猴年的车城碰撞，当血与火的拼搏随声声呐喊迸出星光，今天，车城儿女满怀胜利的豪情，在这里送别叩开东南亚大门的CK5型机车。数千双目光聚焦的交车线上，两台俏丽多姿的CK5型机车像含羞待嫁的新娘，置身欢腾的海洋：鲜花与笑脸相映，彩旗随秋风飘扬，锣鼓共鞭炮齐鸣，风笛

图为1992年铁道部资阳内燃机车工厂（现中车资阳公司）首台出口泰国的机车下线

伴号角交响。唱呀跳呀，止不住的喜泪啊，从内燃机车进口到商品化出口，中国铁路机车工业历经百年沧桑，终于在20世纪90年代圆了世代铁路员工孜孜以求的"出口梦"。"零"的突破，是个创举，两台CK5机车将把封闭内陆的资阳工厂带入东南亚市场，参与国际经济循环；"梦"的实现，犹如惊雷，给工厂机车生产注入勃勃生机，去经受21世纪的震荡！

端坐主席台的王泰文厂长，冷峻的脸上露出微笑；面泛红光的符宝昌书记，平静的心田漾起欢快的波涛；沉静的刘恒瑜总工程师深呼一口长气，脑海闪划过炼狱般的泰国投标，南来北往的风雨晦明，旋风般奔驰的240多个日日夜夜……

南下序曲：四国争雄，逐鹿曼谷

改革洪流，惊涛拍岸，困顿的铁马呼唤着多极的市场。当车城人忧虑再不向外向型经济靠拢，"狼"真来后将被排出"世界经济圈"的危险时，深谋善断的工厂领导早已把开拓路内、路外、国际三个市场纳入"八五"战略规划。

机遇叩响了车城的大门，共和国邻邦泰国传来欲购两台机车的信息。羊年岁末，首都机场。刘恒瑜与工艺处长洪应昌、产品开发处高工韩宝仁，带着万名职工的希冀

图为记者采访时任总工程师刘恒瑜

和总公司领导的嘱托，和中机公司的人员一起登上了转道香港飞赴泰国曼谷的客机。俯瞰蓝天白云，三人心旌摇曳。近百年来，自名扬中外的京张铁路竣工以来，一代代的中国铁路员工就做着自立于世界铁路之林的"强国梦"。今天成熟了的一代有理由相信：我们的未来不是梦。想到中国铁路机车工业首台商品化内燃机车出口将由铁道部资阳内燃机车工厂（现中车资阳公司）万名职工折桂，怎不令人心潮涌动。不多时，飞机在香港启德机场降落。候机厅内，一位40多年前由上海赴台、年逾古稀的老兵，听说刘恒瑜一行正赴泰洽谈出口内燃机车时，满脸的皱纹顿时填满会心的欢笑，昏花的老眼溢出惊喜的光亮！难得老人一片虔诚，中国机车走向世界，不正是炎黄子孙的共同期盼吗？

然而，事情并非想象的那么简单，刘恒瑜一行下榻泰国宝麟有限公司附近的雷诺旅馆后，国际商战的步步杀机便紧逼而来。久经商战沙场、精通世界铁路机车现状的TPI公司代理商，一见面即抛出若干先决条件：机车保用三年，柴油机选用美国的，传动箱要德国的，速度表、空压机等也均要进口。泰方所提条件，通过电传迅速反馈至国内。

北京西郊，铁道部招待所512房间。产品开发处处长杜静谋正同刘培根、邹小波、刘禹、傅其智、董铁岭等各路专家，埋头"破译"曼谷送回的电传，又将谈判所需的"炮弹"源源不断送达曼谷。现代化通信工具将北京与曼谷紧紧相连。几轮会谈，几番力争，谈判初露端倪，TPI公司同意采纳使用我厂传动箱并舍弃空调的建议。然而，几天后又突然变卦，连我方的出口代理——中机公司进出口处苏处长也大惑不解。一番明察暗访，打探虚实，情况终于明了：TPI公司同时与美国、日本、韩国等国洽谈机车。

为摸清底数，洪应昌、韩宝仁奉命借参观泰铁之机，剖析TPI欣赏的外国机车性能。日当午，心似火，43℃高温的修理车间空无一人。司机一到现场，连忙钻进空调室内，而洪应昌、韩宝仁两人却掏出笔记本，打开照相机，登车顶，钻车内，恨不能像X光机一样，把它的五脏六腑透视个遍。智慧的中国人啊，依葫芦画瓢也要弄出个人样！交锋、斡旋、协商，一波三折，柳暗花明。TPI对我几经修订的方案兴趣渐浓，我方终以价格优势击败三国对手，拉锯式的商战终于在1992年1月6日有了结局：中国机车首次以国际投标方式签订合同，铁道部资阳内燃机车工厂（现中车资阳公司）向TPI公司出口两台工矿米轨内燃机车（机车型号为CK5），工期8个月，从我厂收到泰方银行开出的付款信用证之日起生效。条件是苛刻的，面对合同签订的一件件进口部件，真是别有一番滋味在心头。

背回了合同，背回了希望；背回了辛酸，也背回了沉重。纵比：GK车制造历时一年半，而CK5缩短工期近一半；横比：国际惯例交货期一年，CK5减少1/4。喜忧参半的刘恒瑜一下飞机就径奔二七剧场，向来京参加全路科技大会的工厂厂长王泰文倾吐出心中的忧虑："八个月出车，资阳厂没有先例。闹不好我们将成为历史的罪人！"

"干！"王泰文一锤定音，"机遇的垂青往往转瞬即逝，关键在于能否抓住机遇发展自己。干，必须干好，资阳厂的民心士气不可低估！"

第一战役：寒潮涌热流，伏案绘精品

出口车热，热得炙手。8个月周期，像块巨石，着实在万名职工心中压了一阵子：一个个问号萦绕，一次次感叹号与问号交锋。向前，闯出国门，扬我厂威国威；退后，身败名裂，错失良机。十里车城震动了，以总工程师刘恒瑜任组长的出口车制造领导小组成立了；"精心设计、精心组织、精心施工"的方针确定了；"设计牵总、南北合围、决战总装"的"三大战役"网络计划拟定了。十里厂区处处映现"是英雄、是好汉，出口车前比比看"的动人英姿。

图为设计人员认真设计出口泰国机车

猴年春节，噼啪作响的鞭炮声传入灯火通明的产品开发处。春节只休了一天，还未品尝来年滋味的设计师们，又齐聚总厂五楼，投入设计大会战。夜，很深了，设计师们敲敲发胀的额头，揉揉酸痛的双眼，搓搓冻僵的双手，跺跺麻木的双脚，仍俯身在一摞摞图纸间不愿离去。图纸上一道道符号标记在传动组长吴祥助和机车组、总体组的几位老工程师的眼中，似乎变作飘游的蝌蚪、蠕动的蚂蚁。此刻，他们多想躺下打个盹，舒展一下近乎麻木的筋骨。然而，想想迫近的周期，大家又强打精神，拿起了圆规、铅笔。是呀，同他们一样，多少老一代设计师为能在生命之秋赶上出口车设计而百感交集。集一生夙愿，凝一腔热血，老骥伏枥当此时！张亚西、叶顶康、何翠微等新一代设计师们，更为恰逢良机而兴奋不已，人生的理想要在风口上大写，生命的价值要在浪尖上体现。为实现理想的飞跃，他们以加倍的努力投身超负荷的工作，去品味探索的甘苦，成功的欢乐！春节前后，产品开发处60余名工程技术人员完成600多张图纸设计，计划两个半月完成的箱体设计，他们提前了40天交出。与"设计会战"并驾齐驱，工艺处加班审图200余份；档案馆翻晒5000余张蓝图和14 000千余份技术标准；翻译杨泽润、周宇等人抢译数万字的外文资料。时间在延伸，空间在拓展，工程技术人员以他们的智慧和心血，谱写了一曲动人心弦的奋进者之歌。

第二战役：铸造开局胜，传动闻捷声

1992年1月19日上午9时20分，"第二战役"在工厂南端打响第一"枪"。齐聚铸造分厂的精兵庄严接过首批抵厂的6项关键图纸，技术人员仅用一天半便抢出平常需10天完成的工艺制订。次日下午，模型制作总指挥、铸三车间主任梁加驰和几大模型"金刚"就操起了刨凿刀铲。模型工，是把设计者的构想变成实体的雕塑家，欲把静态的线条组合成艺术品似的模型，其间浸透着模型师们多少心血。而成千上万的线条、数据在雕塑中无一错漏，就是鲁班在世也未敢轻夸。纵观180、240、GK车会战中，无错漏的纪录尚未打破。这一次，雕塑师更创下20天时间（平时需近两个月）完成一、五箱体制作的新纪录，并且五个箱体的中心尺寸均未超出0.5毫米的下差线！

张家林、杨兆齐搭档，付出了极其艰辛的努力，终于完成了最复杂的三箱体制作。

"会战"前，工厂医院曾劝张家林去做胃切除手术，杨兆齐做支气管扩张手术，他俩都瞒着领导请缨离开办公室，重返三箱体平台。上千块木板在逐渐组合，张家林

圆 梦　　　　　　　　　　MOMENTS OF PRIDE

图为传动分厂员工认真作业

　　肚内却翻江倒海：想吐吐不出，想咽咽不下。吞不下饭菜，每顿只能喝一碗稀粥，他怕领导瞧见被"赶"下平台，发作时躲到无人知晓的角落里，用木棍捅喉咙，方吐出一摊摊酸水。深夜回家的第一件事，就是端一张小凳，坐在厕所里"哇-哇"吐个够，吓得妻子孩子直掉眼泪。妻子哽咽着一面数落他，一面又悄悄取出积蓄，上县城买回药品。就这样，他一天天硬撑着，体重由70多千克减到60千克。铁的标杆，带出过硬的群体，木模工人齐心协力，优质高效交出全部模型。

　　模型告捷，鼓舞了鏖战沙场的"铸造合成兵团"。工场上功过录高悬，各工序交叉突击，总调度一溜小跑，网络图由周、日排到小时进度。青年工程师徐柯成了大忙人。从去年冬天，他就被借调开发处协助传动箱设计，在老工程师的指导下绘制了3个传动箱，并插空回分厂编制工艺文件。现在，他又忙得脚不沾地，食不赶顿，成天穿梭在造型场地，从模型制作、造型到浇注精心指导，现场服务寸步不离，保证了一次成功。1992年3月7日，第一组5个箱体敲锣打鼓送到传动分厂，比正常周期提前59天。

　　铸造分厂旋风般的创造力，显示了铸造工人具有一等的承受重任的技艺和一流的迎接挑战的能力。它既为加工、组装赢得了宝贵的时间，又使技术员们坚定了后续工序再战必胜的勇气！

接力棒横贯十里车城，送至工厂北端的传动分厂。蓄势待发的人们开始行动，分厂空气骤然紧张起来。郭炳强、朱洪检、陈悌丰等20余名工程技术人员伴着新年的钟声，编制出工艺文件110套，设计试验台改造图120余张，交出并归档图纸101套。

激情满怀的人们是能够创造出惊人奇迹的！1992年4月，传动箱在机二车间精镗工序受阻。东德BFT镗床的加工标准难以达到箱体设计的一级精度，镗床最长臂伸1米，箱体却长1.4米。分厂工程技术人员苦思良策，指导技师胡造明、工人段振林和两名徒工，采用两头往中间镗的办法，终于啃动这硬骨头：误差不超过两丝，达到了设计要求。

一颗颗沸腾的心，一团团燃烧的火，原机二车间技术副主任张贵明就像一架永动机，以超常的转速勾画自己的人生轨迹：不管晨昏交替，还是夜半更深，当试验台改造的第100张蓝图绘成时，他已说不清熬过多少个难眠之夜了。

图为员工认真作业

细心的妻子——职工医院的眼科大夫发现丈夫的眼神变了，人也糊涂了，白天说话词不达意，梦中自语又十分清醒。自接过改造试验台工程总指挥的委任状以后，张贵明便全身心投入进去。白天，他在现场忙乎，晚上又沉浸在奇思异想中，几个最难解开的疙瘩，竟是在梦中找到答案的。是的，钟情于事业的人，一旦进入痴迷境界，睡梦中的偶然昭示也往往蕴含着哲理。

以张贵明领衔设计的试验台采用搭积木式结构，原来一个台位只能试验单一车型的传动箱变化为适应多种车型传动箱试验的"变形金钢"，就连泰国检验师看后也连呼"OK"。

7月14日，传动箱披红挂彩送往机车分厂，比计划提前11天。

战区延伸：沸腾的车城，闪烁的丹心

"第一战役"告捷，"第二战役"鸣金。与一、二"战役"同步，厂内各有关单位也全力以赴，演出了一幕幕感人肺腑的活剧。

1992年6月10日夜晚，骤然停电的机具分厂工具车间漆黑一团。许久许久，值班的路凯书记在巡视中发现一个人影。"谁？！"磨床工赵芳还守在机床旁。"回去吧！""不！我还有两个环规没干完。"看着平常鼠吱狗吠都战兢一番的她，路书记两眼泛潮了。

岂止赵芳！肩负CK5工装制作重任的工具车间主任孙炳正，谈起"会战"经历的120多个日日夜夜至今仍激动不已："累是真累，新车试制我的急件多，一到车间就被追着要，脑袋成天让工装塞得满满的。但，累得痛快，以分厂长挂帅，副厂长、生产调度组成的CK5领导小组，大事小事给调配停当；工程技术人员接到图纸就连夜加班，并跟班搞好现场服务；干活儿的师傅一个更比一个倔，只要CK5工装一到手，就没日没夜往前抢，夜深了只好一个个往家赶；机修车间急工具车间所急，腾出最好的机床，组成最佳阵容一日三班倒，连续奋战半个月啃出关键件钻模板……正是上下一条心、一股劲，使分厂提前45天完成246项1455件工装套件！"

入夏，锻压分厂铿锵作响的1吨自由锤旁，映着三张彤红的脸。缺员一半，蒋帮华带领工友照常开锤，掌上70余千克的锻件翻来覆去。咕嘟嘟几大盅茶水下肚，居然没有丁点尿意，全化作浸透衣裤的"盐水"。锻工车间300项锻件，蒋帮华班完成1/3。

"不让锻件在我分厂晚点！"且不说技术科的连夜赶图、检查科的跟班巡检、设备科的全天候服务，单说"三难"即可见一斑：一难"有气无压"，气最紧张时，锻工车间停下所有设备为16吨锤让道，而锻锤打一件后要憋10分钟才能再次启动；两难"批量太小"，制作出口车件30余件要换5次模，两个烘模架轮番烘烤还忙不过来，却没人说一句抱怨的话；三难"进度逼人"，冲模最后一张图纸1992年5月26日到厂，没办法只有昼夜加班。水压机、弹簧工人加了多少班，干完后自己也难说出个子丑寅卯。

在这些激动人心的日日夜夜，工厂的各级领导不是仅靠号令指挥群众，而是以模范行动带动大家，配件分厂三机车间主任刁新民就是这样。出口车配件加工任务落到

图为锻造曲轴现场

圆 梦　　　　　　　　　　　　　　　MOMENTS OF PRIDE

　　三机车间，适逢一线现车件吃紧，他和马书记一合计，组建了由车间领导、调度、二线人员组成的"混成旅"专抢出口车配件。整整几个星期，刁主任没有通勤回蓉，他一直待在车床边，为完成322项工件立下汗马功劳。

　　担负"粮草"筹措任务的物资处，采购人员上"北国"、下江南，恳求、软缠、硬磨，感动了一家家企业、商店，组织回1700多项材料。单件物品托运怕丢失，超重又不准上车，采购员们就肩扛麻包上汽车，转火车，辗转数千里，把它们硬背回厂。

　　1992年7月5日凌晨2点，南京长江大桥上一片寂静，满载着美国康明斯柴油机和进口配件的两辆卡车悄无声息地溜过桥面。为平安运回机车"心脏"，运输总站的5名司机选择在深夜通过白天车水马龙的咽喉通道。凌晨4点进入安徽地界，车在坑洼不平的路上扭起"秧歌"，司机上下眼皮直打架。难怪呀！从上海出发已连续行车15小时。车在荒凉的山道上停下，除两名司机留守驾驶室，余下人钻进车厢卫护着柴油机，待司机休息片刻又出发。从上海到合肥，连续驾驶27小时，行程1000多千米。

图为出口泰国机车总组装现场

这仅仅是运输总站千里迢迢跑急件、披星戴月保出车的一个片段。1992年2—8月，运输总站共出车31辆次，总行程14余万千米。

"全力以赴，争分夺秒，苦战八个月，造好出口车。"为了这一目标的实现，动力总站精心调配，提供最佳动能服务；职工医院四次巡诊，送医送药到现场；厂报、电视、广播、CK5快报为出口车制造加油鼓劲，形成浓厚的全厂上下保出车的良好氛围。

战区在延伸，这是另一条严把质量关的特殊战线。1992年6月27日，三位泰国检验师一踏进机车分厂铆焊车间大门，便对焊角抗拉强度提出疑问，取样赴中试室检验。原来，CK5型机车分别采用了德国、美国、国际铁路联盟等标准，此工艺我方稍作加固处理，便遭来检验师的发难。泰方监造人员看着仪器显示各项数据都完全符合标准时，摊摊手，耸耸肩，仍毫不含糊地起草意见电传回国。

泰方监造人员的冷面孔，两天后来到传动分厂就绽开了笑颜并三竖拇指。1992年6月29日，沙他雅把手伸进组装好的传动箱内，指头纤尘不染，他首次竖起了拇指。随着"落下"的口令，传动箱的几十个螺钉一次插入，严丝合缝，上前搬动传动箱体输出法兰，二轴转动轻松灵活，监造人员二竖拇指。他再把箱体翻过来倒过去，又细细审视变速箱等部件齿形、粗糙度，以及进行各种数据的实验运转，仍没挑出半点毛病，终于连连赞叹，三竖拇指。

谁知这一步到位，其间孕育着多少人的心血。离休干部周延山瘸着摔伤的腿，为出口车制造跑上跑下。质管处长李树华蹲点到深夜，归家时跌得浑身是伤，次日又忍着疼痛陪泰国检查师下现场。变速箱阀体漏划几条线，开发处副处长汤先森顶着火辣辣的日头赶去修正。工艺处张万选高工四进简阳空压厂落实总风缸环形焊缝实验。顾庆云高工等人多次赴成都、重庆、株洲、天津落实喷塑和聚氨酯油漆试验选型。

第三战役：天热心更热 总装传佳音

1992年7月中旬，接力棒传到工厂腹心的机车分厂。

三伏酷暑，资阳地区20多天没下一场透雨，恰遇40年来少见的持续高温。天热心更热，温高劲愈高，人的热能汇进日光、灯光、电弧光，沸腾的心声注入锤声、铆声、风笛声，机车工人以旺盛的斗志，摆开决战总装的阵势。

从制造出口车开始，57岁的技师杨占清"倔劲"就上来了。中午，几块饼干打发；晚饭，两个烧饼对付。老伴心痛了："离家才10来分钟的路，你都不愿挪挪腿，

圆梦　　MOMENTS OF PRIDE

图为出口泰国机车装船发运

老骨头真想打鼓了？"好容易把"老倔头"训回家扒上几口热饭，杨老放下饭碗就跑。一脚踏空，"咕噜噜"——从二楼一溜到底。他爬起来又往车间奔，吊着手臂编制工艺卡片。4天后去医院照片，"左手骨折，休息两周"。杨老瞒着大伙，一天没休，直到交出最后一批出口车的活儿。

　　各大部件陆续上车，现场亮起红灯：外购操作台有误，不改装制动机上不了台。"我来！"虎虎生气的技师汤火生袖口高挽，揽下活来。要在不足盈尺的空间锯掉坚硬的角钢，气焊不能割，手锯使不上，火生只好拿上半截锯条，手伸进仅10厘米见方的孔内操作。手腕在坚硬的方孔边缘来回摩擦，划出道道血痕，两天半将操纵台改造完。组装现场，一位身高1.85米的中年男子格外引人注目，只见他一会儿猫腰钻入车底，测量底架尺寸，一会儿又疾步跃上车体，检查柴油机定位组装，一天到晚忙个不停，他就是总装现场负责人、车间副主任钱伟鑫。决战总装的30多个日夜，他只有两个晚上没到现场，各大主要部件从首检到最后组装完毕，他都要逐一把关，天天加班

图为在泰国运行的CK5型机车

到深夜，30多天体重掉了4千克。人称"女中豪杰"的总装电器工程师李淑兰，1992年3月份以来，她与爱人王盈洲就没正经休息过一天节假日。虽然她加班记录上只显示出200个小时，但带回家做的工艺文件就有一大堆。豪言，没有，奉献，却是惊人的：她瘦弱的肩膀扛起了所有工艺分析、工装设计、现场服务诸项重担。人啊！当你献身崇高事业的时候，精力是无穷尽的。泰国检验师由衷感叹："不为钱干，不可思议！凭着这种精神，你们工厂、民族是大有希望的。"

决战总装战线缩短，捷报频传：1992年9月11日22时，首台CK5机车一次落车成功；1992年9月17日24时，首台CK5机车启动成功；1992年10月11日，两台CK5机车赴昆明试运顺利返厂。

并非尾声：零的突破，从零开始

看着淡蓝色的CK5机车，仿佛东南亚市场在向我们招手，脚踏宽阔的交车线，好像站在时代的子午线上，我们正置身铁路机车工业大发展的浪巅。8个月苦干闯入东南亚市场，将为车城的发展奠定坚实的基础，梦的实现将对启动机车大市场发挥巨大的作用。蚀本？赚钱？自有时间检验，后人评说。回顾一丝不苟的科学态度，一流水平的精湛技艺，一鼓作气的拼搏精神，一路绿灯的协作风格，这一极为珍贵的精神财富，将永远载入工厂史册，在32万机车车辆职工的心中，不！在340万铁路员工的心中，树起一座丰碑！

240多个日夜，在历史的长河中多么短暂！但这不寻常的240多个日夜则是历史的一个大跨越和一次大飞跃，它标志着中国机车制造业跃上了一个新的台阶，它的冲击波和辐射力远远超出了铁路工业，超出了国界。听见了吗？新世纪的风笛，正从南亚、东亚、环太平洋的天际传来。是的，闯出国门，我们已实现铁路机车工业历史与现实的对接。如果机车生产是一部长卷，机车出口只不过是翻开了开篇的一页，未来呼唤着我们。"路漫漫其修远兮，吾将上下而求索！"在新的起跑线上，让我们以全新的面貌，去搏击世界经济的风雨，开拓美好灿烂的明天！

5

产品出口到技术出海的突破

在中国内燃机车"走出去"的30多年历程中,有一家默默无闻的企业擦亮了"中国制造"的品牌,这家公司不仅占有中国内燃机车出口总量的半壁江山,还先后三次向越南、哈萨克斯坦、巴基斯坦输出机车制造技术,它就是中车资阳机车有限公司。

中国机车制造技术的首次输出

2006年5月,中车资阳公司向越南出口20台CKD7F型内燃机车整机及技术出口合同签字仪式在越南河内市举行。该合同的签订,开创了中国内燃机车制造技术转让国外的历史先河,也帮助越南用户实现了机车本地化生产的零突破。

这次技术输出,源于中车资阳公司此前出口该国的40台机车的优异品质。2001年至2004年,中车资阳公司先后向越南出口了40台CKD7F"革新号"内燃机车,该型机车配属越南河内和西贡机务段,承担河内至西贡两大主要城市之间的客运牵引,把以前两地超过33小时的旅程缩短至30小时左右,成为越南铁路提速规划的主力车型。资阳机车性能优异,承担了越南铁路50%的运转任务,然而,资阳机车只占越南机车保有量的30%,因此得到了越南铁路上下和越南人民的一致好评。为了加速越南铁路发展,提高本国机车生产技术,越南铁路提出了该型机车国产化计划。为提升越南铁路机车装备制造水平,扩大中车资阳公司在东南亚市场的影响力,中车资阳公司于2006年与越南铁路总公司签订了机车制造技术转让协议。该项目分为整车+半散件+全散件三阶段逐步完成。在整车生产过程中,中车资阳公司邀请越南的技术人员、工人、司机来公司现场参与了解,并对他们进行了相关的技术技能培训,帮助他们尽快熟悉该型机车制造流程和工艺,之后,中车资阳公司又派出技术专家赴越南生产现场进行技

产品出口到
技术出海的突破

MOMENTS OF PRIDE

图为在越南运行的"革新号"机车

术指导和监督。最终，越南铁路总公司终于按计划逐步实现了机车国产化的目标。在第一批机车国产化顺利执行的基础上，越南铁路总公司于2010年再次与公司签订第二批20台同型机车国产化订单合同。

总统见证的技术输出

在积累了越南机车制造技术转让的成功经验基础上，2012年，中车资阳公司成功实现CKD6E型机车制造技术向哈萨克斯坦输出。当年5月，中车资阳公司成功获得哈萨克斯坦64台CKD6E型调车机车订单。在哈萨克斯坦江布尔州塔拉兹市，原中国南车集团董事长赵小刚、哈萨克斯坦国家铁路公司总裁马明在战略合作协议上签字，时任哈萨克斯坦总统纳扎尔巴耶夫见证了签字仪式。按照合作协议精神，中国南车资阳机车有限公司（现中车资阳机车有限公司）将向哈铁提供机车生产技术和管理支持，帮助哈铁楚城机车修理厂实现调车内燃机车的国产化生产。

协议签订后，中车资阳公司派出代表团赴哈萨克斯坦进行了认真细致的实地考察和现场交流。楚城机车修理厂技术相对落后、设备较为老化，但他们有一支精神面貌可嘉且有强烈愿望改变现状的职工队伍，完全可以通过合作生产的方式快速提升本地化技术水平和制造水平。因此，中车资阳公司的技术专家在现场给予他们充分的指导和帮助，首台哈萨克斯坦国产化调车内燃机车于2012年12月16日实现下线剪彩。时任总统纳扎尔巴耶夫向剪彩现场发去了祝贺视频，现场的楚城机车修理厂全体员工十分激动，向中车资阳公司专家团队表达了深深的感激之情，双方的手紧紧地握在了一起。

助力"巴铁"的技术输出

巴基斯坦铁路因多种原因发展受阻，客货运能力无法满足当地需要。在此情况下，巴铁向中车资阳公司采购了58台机车，同时，为了提升自身的机车制造能力，

图为在巴基斯坦本地化组装的机车

产品出口到
技术出海的突破

MOMENTS OF PRIDE

图为公司出口巴基斯坦的机车

努力改变落后现状，2012年底，巴基斯坦就5台3000—3500HP本地化生产机车进行招标。2013年5月20日，中车资阳公司中标，6月3日签订项目合同。为此，中车资阳公司派出技术专家团队赴巴基斯坦进行现场技术指导，并针对巴方员工的习惯手把手地开展培训，帮助巴基斯坦机车修理厂的技术人员和操作者基本掌握了机车组装的流程、主要技术参数以及相关的组装制造能力。最终，5台散件机车在白沙瓦附近的里沙浦工厂顺利完成本地化组装。此后，中车资阳公司又持续对巴铁进行长期的帮助指导，如今，除比较精密的柴油机组装外，巴基斯坦修理厂已经能够完成机车大部分的制造和维修工作，巴铁的面貌也得到了极大改善。

引进中国内燃机车制造技术，实现国产化是共建"一带一路"国家和地区的发展需求，通过国产化比例的不断提高，越南、哈萨克斯坦、巴基斯坦均建立了较为完善的机车工业体系，实现了自身内燃机车制造技术的提升，为本国的经济发展作出了新的贡献。

丝路花开

共建"一带一路",关键是互联互通。我们应该构建全球互联互通伙伴关系,实现共同发展繁荣。我相信,只要大家齐心协力、守望相助,即使相隔万水千山,也一定能够走出一条互利共赢的康庄大道。

——习近平在第二届"一带一路"国际合作高峰论坛开幕式上的主旨演讲

1

飞驰在泰国的
资阳机车

泰国，这个美丽的国度，不仅旅游资源丰富，而且是我国推行"一带一路"倡议的重要伙伴。31年前的一次结缘，泰国TPI公司成为中国商品化机车出口的第一用户，中车资阳公司也成为我国机车"走出去"的第一家企业。

因率先购买机车，TPI公司被称为有眼光的企业

泰国TPI公司总裁也许想不到，31年前他做出购买中国机车的一个决定，会持续影响今天的业务增长。

在中国铁路迅速发展的今天，泰国90%的运输却仍然依靠公路的卡车运输，铁路运输的占比不到5%。31年前，要率先购买机车用于货物运输，这需要勇气和魄力。TPI公司却做到了。

20世纪90年代初，TPI公司在全球范围内招标采购2台米轨液力传动内燃机车，中车资阳公司凭借综合优势，击败了来自美国、日本、韩国的竞争对手，获得该订单，这也成为中车资阳公司与TPI公司结缘的开始。因产品质量过硬，售后服务优良，TPI公司先后采购了20台资阳机车。

不仅购买机车，TPI公司还修建了自己的厂区铁路。31年来，资阳机车在这些铁路线上持续运营，为TPI公司的蓬勃发展作出了重要贡献：TPI公司成为泰国的上市公司，业务从生产销售水泥、混凝土不断拓展到塑料树脂、工业废水处理、垃圾发电等领域，下属发展了10余家子公司。

"机车运输比卡车运输的运力提高了40%。"TPI公司检修和维保车间的副主任邦迪介绍道，"这是TPI持续发展的动力。"首批资阳机车到达TPI公司的时候，邦迪

飞驰在泰国的
资阳机车

ACHIEVEMENTS ON THE SILK ROAD

图为在泰国TPI公司牵引货物的"资阳造"液力传动内燃机车

只有24岁，进入TPI工作刚刚一年，邦迪说："我们是泰国首家拥有调车机车的水泥厂，感到特别自豪。"

时至今日，TPI公司仍是泰国独家拥有机车的私营企业。"TPI公司超前思维买机车、修铁路，这在今天看来，是非常有远见的战略，这也表明，这是一家非常有眼光的企业，值得我们跟随。"邦迪给出了这样的答案。

资阳机车，成为开辟泰国公私合营先河的纽带

眼前的这个人，皮肤有些黝黑，身材魁梧，说话在英语和泰语之间随意转换。

说到资阳机车，他用英文说出了"资阳机车，质量很好"，那一副又比又划的认真劲，让你感到扑面而来的真诚。

他就是泰国铁路局主管交通的副总裁坦农萨克先生。

今年50多岁的他，已经在泰国铁路局工作了30年，见证了泰铁近年来的发展历程。"泰铁成立120多年了，但在去年，我们与TPI公司的关系，却因资阳机车而改变。"他微笑着说道。

图为TPI公司在泰铁Hin Lub火车站举行机车上线剪彩庆典仪式

坦农萨克先生所说的是2016年2月25日，TPI公司在泰铁Hin Lub火车站举行机车上线剪彩庆典仪式，TPI公司成为泰国第一家与泰铁开展机车运输合作的公司，开创了泰国公私合营的先河。当日，泰铁总裁表示，泰铁与TPI公司这种公私合营的全新模式具有典范作用，是泰铁运输下一步的主要发展方向。

说到公私合营，坦农萨克先生这样解释："由于泰铁本身的机车数量不够使用，为促进经济发展，泰铁鼓励有需求的企业购买机车，使用泰铁的干线，泰铁在一定标准的租金上，给予购买机车的企业一定折扣，用于机车购置费用的补偿。"TPI公司购买的8台交流传动机车，就是这样的背景下，按这种模式运营的。

"只要TPI公司的机车在泰铁线路上跑，我们就会有源源不断的收入。"坦农萨克先生坦诚地说道。

TPI公司对于这样的合作，也受益匪浅。"我们在泰铁干线上采用机车运输，每吨运输成本为100～120泰铢，同比公路运输的200泰铢，要节约40%~60%的成本。"

飞驰在泰国的
资阳机车

ACHIEVEMENTS ON THE SILK ROAD

为中国质量叫好，资阳机车可利用率高达97.32%

"30多年前购买的8台液力传动机车，至今运行良好；20多年后购买的8台交流传动机车，成为TPI货物运输的中坚力量，可利用率高达97.32%，我们非常满意中车资阳公司提供的机车！"TPI公司副总裁比差先生充满感情地说道。

根据合同，机车利用率达85%就满足要求，而资阳机车97.32%的利用率大大超过了用户预期。"这么好的产品质量，我们有些意外，但感到非常高兴，为中国机车产品的质量叫好。不要小看高出的10多点利用率，这可为我们创造了更大的价值和更多的财富啊！"比差先生说道。

目前，泰国铁路正在进行双轨建设。"我们TPI公司的业务也会随着泰国铁路的兴起，扩大到东盟地区，到时一定会购买更多的中国机车，资阳机车是我们的首选。"比差先生真诚地表达了对资阳机车的好感。

图为中车资阳公司出口泰国的交流传动机车

"我体验到了中国机车技术的进步"

按下按钮，柴油机轰隆地启动了；再提司控手柄，机车动车，一脸阳光的火车司机汶猜先生正视前方，驾驶着"资阳造"交流传动机车出发了。他每天要这样为泰铁运输货物上万吨。

很喜欢司机这个职业的汶猜先生，已经在泰铁工作了20多年。"驾驶机车能获得很多乐趣，这是开汽车不能比的。"说起这些，他一脸陶醉，"我开过很多国家的机车，中国的机车让人记忆深刻，资阳的机车我开过两种，一种是液力传动机车，一种是交流传动机车。"在"资阳造"的交流传动机车上，他指着司机室说道："你看，资阳机车的技术在不断进步，司机室人性化设计，而且装有空调，很舒服。更重要的是，这种机车载物多，按每节车皮50吨计算的话，一趟可满载2500吨货物，比其他机车都好用。"

一则则美好的故事，是资阳机车在泰国良好运用的体现；是泰国人民对资阳机车发自内心的喜爱；是泰国TPI公司与中车资阳公司结缘31年、携手共赢的生动写照。

伴随着我国"一带一路"倡议的稳步推进，中泰两国政府在轨道交通领域会有更多的合作机会。"为泰国乃至更多国家提供更优质的产品、更先进的技术和更好的服务"，中车资阳公司全体干部员工正为此不懈努力，迎头跨越。

2

泰国客人到资阳"走亲戚"

2016年12月,泰国TPI公司副总裁松萨克先生、泰国国家铁路局(简称泰铁)主管交通的副局长坦农萨克先生、技术专家瓦查拉昌先生一行七人到中车资阳公司参观考察。

来到这里,松萨克先生、坦农萨克先生感觉十分亲切,因为这里曾留下了他们与中车资阳公司之间的珍贵友谊和精彩故事。

"到资阳就像走亲戚一样"

阔别资阳24年的松萨克先生第二次踏上资阳这片土地。他微笑着说道:"TPI是中国机车走向世界的第一用户,我很幸运,1992年就来过资阳公司,今天故地重游,感到很亲切,就像走亲戚一样。"

松萨克先生提起一段美好的回忆。

1992年,中车资阳公司从美国、日本、韩国等强势竞争对手中胜出,赢得中国商品化机车出口"第一单"——与泰车TPI公司签订2台CK5型内燃机车购销合同。

当时,松萨克先生还是一名三十岁左右的年轻工程师,到中国四川资阳参加这批机车的监造。

"那时资阳就像一个小乡镇,资阳公司也正处于发展之中,为了兑现订单,从干部到员工都很拼命。"他印象中,有春节休息一天便投入会战的设计师,有摔伤了仍吊着手臂编制工艺的技师……"我没有见过这么执着的企业,这么努力的员工,这份感动让我记忆犹新,我相信TPI公司愿意和这样的企业合作。"

松萨克先生回国以后,1993年和1994年,TPI公司连续两年又追加了6台机车

图为泰国TPI公司副总裁松萨克先生（中）、泰国国家铁路局主管交通的副局长坦农萨克先生（右）、技术专家瓦查拉昌先生（左）在中车资阳公司参观考察

订单。

"我是TPI公司与资阳公司的'桥梁'，是这份真诚友谊的见证者。"已经五十多岁的松萨克先生露出了灿烂的笑容。

"三批资阳机车让我们很满意"

谈起从中车资阳公司购进的三批机车，已经升至TPI公司副总裁的松萨克先生兴致盎然。

"首批资阳机车我们用于水泥厂内的货物牵引运输，20多年以来，这批机车经受住了重重考验，至今运用良好，维保简单方便。"

他讲述了近两年发现的一件趣事。

机车传动箱是CK5型机车的重要部件之一，但资阳机车运用了20多年，传动箱一直未开箱大修。"这简直是个奇迹，我们把机车重新油漆了一遍，现在运用起来就像新的一样。"松萨克先生认为，从这一件小事上，可以看出资阳机车的产品质量非常可靠。

他们把这份信任延续到了下一批订单。

2013年，TPI公司与中车资阳公司第二次签订8台SDA4交流传动干线内燃机车采购合同，机车功率更大，技术更先进。

为更好地运营和维保，TPI公司专门为SDA4投资新建了一个维保检修车间和备品备件库，并邀请中车资阳公司对泰铁司机进行了大规模驾驶培训，对TPI技术团队开展维保培训，以保证机车运用好、维护好。

2015年，这批机车在泰国正式上线，服务于泰铁，开创了泰国公私合营的先例。

"我们又一次品尝了与中车资阳公司合作的胜利果实。"松萨克先生说道，"这是双赢的最佳体现，TPI公司大大减少了卡车运输，改用铁路运输，成本大幅度降低，尤其值得一提的是最近几个月泰国运输旺季，资阳机车基本每天24小时不停地运转，为TPI公司创造了巨大的经济效益。"

2016年4月，TPI公司第三次与中车资阳公司牵手，签订4台窄轨交流传动机车采购合同。

在此次参观现场时，松萨克先生看到，这批机车采用了很多新工艺、新技术，设计人性化，司机室内装舒适，外观漂亮，产品质量可靠。"这是我们想要的机车，很期待与中车资阳公司继续合作，续写这份珍贵的友谊。"

"唯一能纵横驰骋泰国的中国机车"

资阳机车不仅得到了TPI公司的认可，泰铁主管交通的副局长坦农萨克先生也感受颇深。

他说喜欢资阳机车的理由其实很简单，因为资阳机车不仅采用了世界先进的交流传动技术和微机控制系统，而且机车轴重16吨，非常适合泰国铁路的特点。"是唯一能在泰国东西南北任何线路上行驶的中国机车。"

这款机车还适用于东南亚铁路，具有巨大的市场潜力。坦农萨克先生表示，这些年来，资阳机车大大促进了泰国物流的发展，现在泰国有很多项目，希望中车资阳公司积极参与。

在生产现场，坦农萨克先生看到中车资阳公司刚刚竣工下线的新能源空铁，激动地招呼同行人员一起合影留念。"希望下一次我们也能用上这样的空铁列车。"他开心地与同行朋友聊道，"那时我们的旅游业会更加旺盛。"

3

泰国邦迪：
We are family

邦迪最喜欢在同事面前晒照片。

2018年6月，他很高兴地掏出手机，翻出一张略显模糊的老照片，说道："这张照片已经23年了，是我和资阳厂售后服务人员在一起的珍贵记忆。"照片中，年轻的、清瘦的邦迪站在正中间，背景是资阳内燃机车厂（现中车资阳公司）1995年到达泰国的两台CK5型液力传动机车。

图为1995年邦迪（左四）与资阳内燃机车厂（现中车资阳公司）交车人员合影

泰国邦迪：
We are family

ACHIEVEMENTS ON THE SILK ROAD

"还有另外一张呢！"邦迪得意地翻到下一张，这是2017年5月拍到的新照片，照片中，已步入中年的邦迪，与泰国友人和中车资阳公司售后服务人员一起，竖起大拇指，背景是中车资阳公司刚刚抵达的交流传动机车。

两张照片，相距了20多年，现已是泰国TPI公司检修和维保车间副主任的邦迪，深情地说起那段往事：

"我们TPI公司从1992年起就开始与中车资阳公司合作，现在已经26年了，我生命中的一半时间，都在见证这份珍贵的友谊。第一张照片中的CK5型机车至今已运用了20多年了，现在仍是我们的宝贝，牵引货物像新车一样好用！"

1995年，邦迪从泰国来到资阳，开展机车监造。

图为2017年邦迪（左二）与中车资阳公司维保人员合影

"当时，资阳厂总部办公楼前还没有广场，周围全是农田，厂房和设备远没有今天这样先进。"风华正茂的邦迪在资阳度过了一段难忘的岁月，与资阳内燃机车厂（现中车资阳公司）的工程技术人员、一线员工结下了深厚的友谊。

　　2016年，时隔20多年以后，邦迪又来到了资阳。这次，他的任务同样是监造，只是监造的是四台交流传动机车。这是TPI公司继1992年后第三次与中车资阳公司"牵手"，也是继2013年后第二次采购交流传动机车。

　　这一次，邦迪感受到了中国翻天覆地的变化。中国的高铁、便捷的网购，现代化的高楼大厦，让他目不暇接。他非常喜欢中国文化：不仅爱唱《甜蜜蜜》《月亮代表我的心》等歌曲，还尤其喜欢穿印有"大哥""老板"的T恤衫。不仅在资阳经常穿，回到泰国后仍然喜欢穿。

　　中车资阳公司的变化也让他感到惊讶："干净整洁的总组装生产线，现代化的设备和工装，先进的机车设计和工艺……"

图为2016年邦迪参观中车资阳公司

泰国邦迪：
We are family

ACHIEVEMENTS ON THE SILK ROAD

让邦迪感动的是，中车资阳公司待他们仍然如故，和20多年以前一样，友好而温暖。

2016年10月13日，泰国前国王拉玛九世普密蓬·阿杜德去世。当时邦迪一行正在中车资阳公司监造。听到国王去世的消息后，他们的心情非常悲痛，但由于工作原因，不能回国吊唁。中车资阳公司负责泰国市场的韩丹丹知道这个情况以后，通过网上咨询，了解到可以到泰国驻成都大使馆进行吊唁。于是，韩丹丹积极与大使馆联系，征得同意后，于2016年10月16日（周末）带着邦迪一行前去吊唁。邦迪说："我没想到在资阳，还能受到这样的尊重和理解，我感到非常温暖！"

还不仅如此。2016年9月15日，中国的中秋节，中车资阳公司员工端蓉蓉邀请邦迪及朋友们到家里一起过节，还特意准备了他们最爱吃的卤猪耳朵和红烧羊肉。"中车资阳公司对我们就像亲人一样热情。"邦迪很感动地说道。

"20多年了，中车资阳公司就像我们的亲人一样，我希望这份友谊一直延续下去，直至永远……"邦迪双手合十，虔诚祝福。

4/

泰国"车迷"
向"唐老鸭"深情表白

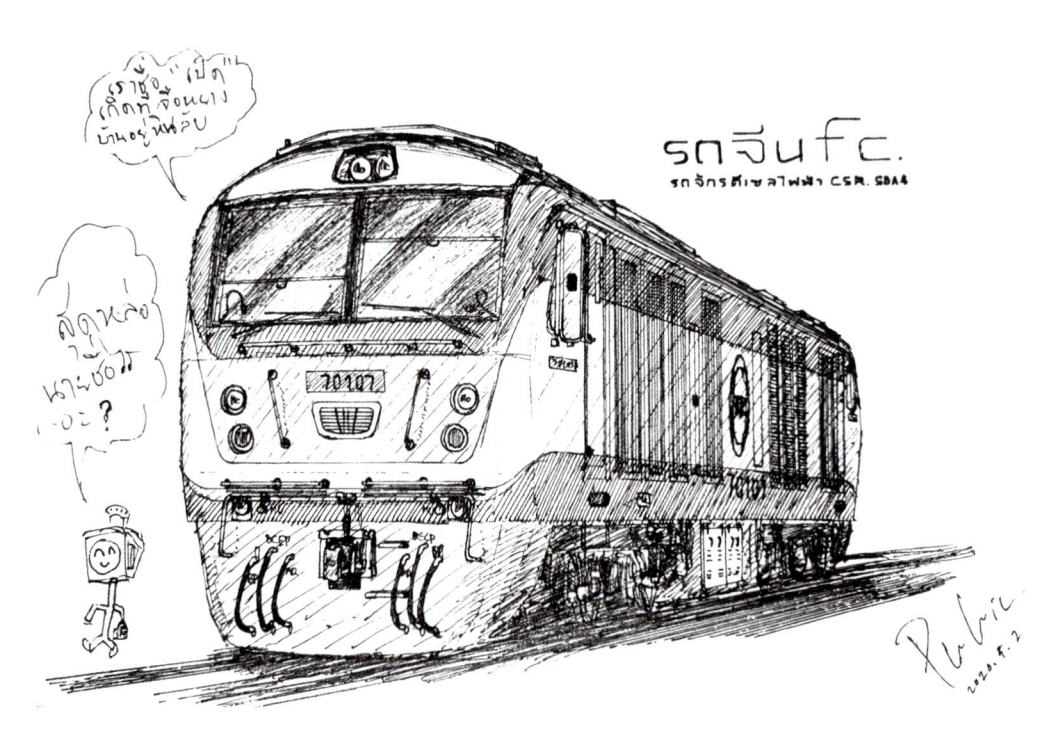

图为努特素描的资阳机车

　　这是一张惟妙惟肖的素描画。

　　简简单单的黑白色彩，形象细腻地刻画了中车资阳公司出口泰国TPI公司的交流传动机车的模样。

这张素描画左边配有一段有趣的泰文对话，翻译成中文的意思是：

道岔灯："帅车，你叫啥呢？"

机车："我叫'唐老鸭'，在资阳出生，我家在Hin Lap火车站。"

这幅画的作者叫努特，是泰国的一位资深车迷，这是他2020年5月绘制的作品。之前，他多次以素描的方式，描绘中车资阳公司的机车，表达一个泰国车迷对中国机车的热爱。

"我们泰国的车迷，习惯把资阳的交流传动机车称之为'唐老鸭'，因为机车的涂装颜色蓝白黄相间，就像'唐老鸭'一样可爱。"他解释着配文的原因。

素描画的背后，深藏着这个高个儿、喜欢背着相机、爱微笑的阳光小伙儿，与资阳机车结缘五年多的故事……

一见钟情"唐老鸭"

时间倒流，回到了2015年9月的一个周六。

中车资阳公司的第一批2台交流传动机车在泰国交付。刚好那天做运行试验的机车，在泰国的一个枢纽站上短暂停留。中车资阳公司营销管理部的端蓉蓉和其他几位同事，正开展部分机车部件的检查。

一个熟悉的中文声音在端蓉蓉的耳边响起："请问你们的机车要去哪里？还要做什么试验？"在异国他乡，听到国语，端蓉蓉感到既亲切又意外，她回头一看，一个泰国小伙儿正微笑着问她。她回答道："我们检查完后就要出发，继续做机车性能试验。"

小伙儿介绍说："我叫努特，正在泰国国铁实习，是本地的一个火车迷，这次看到资阳机车跟泰国国铁的车很不一样，涂装颜色搭配就像'唐老鸭'，非常好看，我一见钟情，就专门打听好了机车到达站点的时间，然后一路跟了过来。"

在站上，努特了解了"唐老鸭"的运行速度、轴重等，并向端蓉蓉他们介绍了泰国国铁目前机车的概况。大家交谈甚欢，互相留下了联系方式。

随后，经过交车团队和TPI公司的允许，努特一起跟车试验。

在车上，泰国的司机师傅告诉努特："这台机车采用了先进的交流传动系统，而且驾驶室设计很舒适，即使长时间驾驶，也不累。"

图为努特（右一）和泰国TPI公司员工、中车资阳公司员工合影

此次跟车，努特感受最深刻的是，虽然机车后面满载着水泥车辆，但驾驶室内噪声很低，振动很小，跟他以前乘坐的同类型机车很不一样。

寻访"唐老鸭"故里

努特其实是一个"中国火车通"。

2012年，他来到中国江苏大学留学，学习汉语知识。课余的时间，只要有空，他就研究各类中国火车。现在，除了对各种中国火车的性能、参数等如数家珍以外，他还能分辨出DF8B机车中，哪些部件是由哪些公司制造的。在泰国车迷中，他属于最了解中国火车的前五人之一。

2015年9月在泰国车站结识后，努特和端蓉蓉之间一直保持友好互动。

2016年，努特大学毕业。他与端蓉蓉取得联系，提出想到中车资阳公司拜访一下"唐老鸭"的家乡。端蓉蓉表示欢迎，并热情地带他参观了公司总组装生产线和车体生产线。

泰国"车迷"
向"唐老鸭"深情表白

ACHIEVEMENTS ON THE SILK ROAD

图为努特在中车资阳公司参观调车机车

在刘家湾交车线上，努特看到一辆东方红2型机车正在调车。端蓉蓉告诉他，这是中车资阳公司早期制造的机车之一，距今已运用了四十多年。努特感到很惊讶，他说："之前，有泰国人及泰国车迷说，中国造的产品不耐用，这次亲眼所见才发现这样的观点是不正确的。"

在生产现场，努特还看到了混合动力机车，当得知这是世界最大功率的混合动力机车时，他兴奋地说道："以前只知道日本和欧洲有混合动力机车，没想到中车资阳公司也自主研发了这样的机车，说明了这里的人很有创新思想，中国人太棒了！"

在生产线上，努特还看到了机车车体很平整、涂装油漆很细致，他说："我终于找到了'唐老鸭'在泰国受欢迎的原因。"

传播中国火车文化

努特是社交媒体的常客。

他经常在社交媒体上分享中国火车的图片、消息、性能、参数以及采用的新技术等，并以此为乐。中车资阳公司的"唐老鸭"，中国的和谐号、复兴号，以及中泰铁路合作项目等都是他喜欢分享的内容。"我要让全世界的车迷朋友，都知道中国有很多高品质的火车。"努特说道。

2022年5月20日，努特再次在社交媒体上用泰文发表长文，回顾他三年以前拜访中车资阳公司的美好回忆，表达对中车资阳公司的深情，对中国机车产品的热爱。

现摘取并翻译他文中的部分句子：

"对我这个泰国车迷来说，四川最著名的不仅有大熊猫，还有我梦中基地所生产的资阳火车头。"

"我相信许多泰国车迷们应该都听说过资阳机车这个品牌，因为中国中车给泰国生产了大量铁道车辆。另外，从事铁道工作的朋友们应该也都知道中国中车集团，它是目前世界上最大的铁道车辆制造商。"

"当我走到了中车资阳公司的生产线上时，两台机车吸引了我的注意力。一台是东方红5型调车机车，该机车于1976年制造，是比较古老的车型之一，现在仍在使用。这台机车用了这么长时间，我认为它应该能够代表中国机车制造及维修质量了！另一台是HXN6型混合动力调车机车，我们当时所知各国的铁路厂家都在开始研究混合动力机车，万万没想到中车资阳公司也在做，而且还成功研制了世界上功率最大的混合动力机车！"

"真心感谢中国中车集团及中车资阳公司的朋友们所给我的每一次机会！"

如今，努特在泰国仍在传播火车文化，他正在计划将全球著名机车以及中国中车出口泰国的铁道车辆，设计制造成铁路文创产品，以便泰国人民了解更多的中国火车。

5 / 好朋友"马大象"

　　2013年7月5日，泰国TPI公司再次与中车资阳公司签订了机车采购合同。这家公司是中国首批商品化机车出口的"第一用户"，那是21年前的1992年。当时，TPI公司定购的是CK5型调车机车，机车至今运用良好。21年后的2013年，TPI公司又成为回头客，再次向中车资阳公司采购机车，这次是具有世界先进水平的SDA4型交流传动内燃干线机车。

图为驰骋在泰国的资阳机车

2014年11月，泰国TPI公司派遣3位工程师来中车资阳公司实施8台机车的制造过程监造，开启了戴媛媛与TPI监造团队中一名监造师的故事……

初遇"马大象"

2014年11月30日的清晨，戴媛媛匆匆赶到中车资阳公司总部大楼旁边的晨风酒店与泰国TPI监造团队第一次见面。她刚步入酒店大厅，一个身材不高拄着一根粗壮拐杖的男人吸引了她。戴媛媛缓缓向他走去，问道："Excuse me? Are you from Thailand?"这个男人对她笑了笑，说道："你好！"戴媛媛愣了一下，惊讶地问："你会说中文？"这个男人点了点头，继续说："我叫马大象，来自泰国。""没想到你能说这么棒的中文，居然还有个这么有趣的中文名！"戴媛媛开心地说着，伸出了右手与他握手致意，并仔细打量起他：小个子，黑皮肤，鼻梁上架着一副黑框眼镜，厚厚的眼镜片后面透着一双不大但深邃的黑眼睛。

初遇"马大象"，戴媛媛印象深刻！

中国通"马大象"

"一带一路"不仅为中国与世界各国在经济建设上带来了合作与发展的机会，而且是推动了中国文化与他国文化的融合与交流。

在与马大象一起工作的日子里，戴媛媛逐步发现马大象虽然身体上存在诸多不便，但他热爱工作，热爱生活，更热爱中国文化。在泰国，马大象一直坚持学习中文，学写汉字，学唱中文歌，更是中国歌手邓丽君的忠实铁粉，他时常哼唱邓丽君的经典曲目《月亮代表我的心》，是一个可爱的中国通！

为了让中国通"马大象"体验一下中国普通老百姓的生活，有一次，戴媛媛邀请他到家中做客。一进家门，马大象便惊呼道："这么大的家啊！"一下逗乐了出来迎接的家人们。饭桌上，戴媛媛的家人们热情地给他夹菜，介绍这是有名的川菜"水煮鱼"，辣得马大象直吐舌头，却不断地念着："好吃好吃！"晚饭后，马大象抱着戴媛媛的儿子，喜爱之情溢于言表，给小家伙取了一个与他同姓的搞笑的中文名"马车"，逗得戴媛媛一家哈哈大笑！就这样，泰国的"马大象"和中国的小"马车"在一起度过了一个愉快的夜晚。

严格的"马大象"

　　此次监造的交流传动机车，是中车资阳公司为适应泰国运用环境和牵引要求设计的，许多技术和制造工艺问题需要不断改进和优化，所以机车制造和监造过程并不是一帆风顺。

　　记得那是2015年1月的一个晚上，3号机车的电气系统试验被安排在8点开始。作为电气工程师的马大象负责全程见证试验，于是戴媛媛陪同他按时到达了试验地点—公司总装车间交车线。

　　他们刚走到3号机车旁边，现场师傅还在做准备工作。一向温和的马大象严厉地说道："试验为什么还没有开始？"这让戴媛媛感到难受和尴尬，只能耐心地对他说道："请相信我们，我们一定保证今晚10点前通过试验！"

　　戴媛媛和马大象并排坐在车间冰冷的长板凳上等待试验开始，此时正值四川的寒冬，夜晚温度只有几摄氏度，空旷的交车线更是寒风阵阵。太冷了！长期生活在热带的马大象没有经受过这种寒冷天气，他的身子不禁瑟瑟发抖，并不断地搓着双手取暖，却始终默不作声。气氛有些凝重，戴媛媛灵机一动，指着夜空中那轮弯弯的月亮，大声地唱了起来："……你去想一想，你去看一看，月亮代表我的心！"他们相视一笑，不约而同地合唱起来，所有的不愉快在这一刻烟消云散。晚上9点半，3号车的电气试验顺利通过。

　　正是因为工作中的接触，让戴媛媛和"马大象"彼此间建立起深厚的友谊，成了互相信赖的好朋友！

　　3个月的时间过得很快，8台机车的监造工作顺利圆满完成，马大象又回到了泰国继续着他平凡简单的生活。如今8台交流机车在泰国的使用情况良好，表现优异，承担着TPI公司的主要运输任务，为TPI公司，为泰国的物流运输发展持续助力，而戴媛媛和"马大象"的故事，中车资阳公司和泰国TPI公司的故事仍未完待续……

6

见证"革新号"成为越南运输主力

不是所有的记忆碎片都会随风而去,二十多年前在越南工作生活的经历时常会在吴家辉脑海中再现,往事虽然久远,他依然记忆犹新。

时间回到2001年年底,云南昆明火车站。资阳内燃机车厂(现中车资阳公司)越南机车交车组一行4人,登上了昆明开往越南河内的国际列车。这趟国际列车需先到达云南河口火车站,办理出入境手续后,继续乘坐火车过境,到达越南老街火车站,再办理入境手续,前往越南河内。

当第二天早上快到达河口时,空气中的潮热加重,气温逐渐升到30℃以上,吴家辉和同去的服务组其他同事开始脱掉身上的外套、毛衣。到达河口车站已是上午9点左右,抵达越南河内火车站,已经是晚上6点,越南铁路联协安排他们入住河内火车站附近的春天旅店。

让吴家辉记忆最深刻的是2002年春节前历时近一个月的交车试验。由于水土不服,服务组成员工作极度疲劳,加上饮食不习惯,语言沟通困难,第一批10台机车在河内机务段交车试验那段时间,对大家来说,极不容易。

越南铁路有米轨轨距(1000毫米)、标准轨距(1435毫米)、混合轨距三种规格。其中米轨轨距铁路约2200千米、标准轨距铁路约200千米,其余为混合轨距铁路。河内到胡志明市的铁路全长1726千米,20世纪80年代行车需72小时,20世纪90年代缩短到52小时,至2002年资阳机车牵引客运后,时间缩短到40余小时。到了21世纪初,越南铁路全面提速。当年,越南铁路的提速是从两个方面开展的,一方面是维修改造既有线路,另一方面是引进先进的牵引内燃机车。

就这样,一个千载难逢的机遇出现在了机车制造企业面前,尤其是对千方百计要

见证"革新号"
成为越南运输主力

ACHIEVEMENTS ON THE SILK ROAD

走出国门的中国机车制造企业来说，这个机遇尤为重要，资阳内燃机车厂（现中车资阳公司）抓住了这个机遇。

2002年春节前，资阳内燃机车厂（现中车资阳公司）首批10台CKD7F型干线内燃机车抵达越南河内机务段，通过交车组现场整备、试验，满足了越方对机车的各项牵引技术要求，机车立即投入运用，经过3个月的运用考核，得到了越南铁路联协对此车型的认可。当年，越南铁路河内、西贡机务段相继提出需要购买此机车的要求，越南铁路联协于2002年4月21日与资阳内燃机车厂（现中车资阳公司）再次签订了第二批10台机车的合同。

第二批10台改进后的CKD7F机车于2002年12月26日到达西贡机务段。2002年12月27日，越南铁路联协和资阳机车厂（现中车资阳公司）在西贡机务段举行了隆重的接车仪式，现场交车组随即将机车投入到现场试验。经过10天的紧张交车试运工作，于2003年1月7日十台机车全面完成试运，确保资阳机车厂（现中车资阳公司）机车满足越方提出的1月10日投入春运的要求，赢得了越方对资阳机车厂（现中车资阳公司）机车和现场交车组的好评。

图为在越南运行的"革新号"机车

越南铁路联协是铁路运输的最高机构，其下共有三大联合企业，第一联合企业位于越南北部的河内，第二联合企业位于中部的岘港，第三联合企业位于南部的西贡，每个联合的下属有机车企业、车辆企业和工务企业，资阳机车分别配属河内机车企业和西贡机车企业。

越南铁路的主要干线是从河内到西贡的1726千米，全部为米轨铁路线，是当时法国人设计修建的，每根钢轨长12.5米，每米重36千克，由于越南南方河道多，约有200多座铁路桥梁未改造好，制约了机车的轴重增加。越南铁路线路的弯道多，南北地理环境差别大，北方是泥土地，南方是砂泥地，每年5月至10月进入雨季后，线路条件对机车运行更具挑战性。

越南属热带雨林气候，长年大部分地区处在30℃以上，南部很特别，一年只有两季，11月至次年4月的旱季，5月至10月的雨季，长年温度都在35℃以上，雨季下暴雨后人们感觉潮湿闷热，加上整个越南铁路干线是沿着海边修建，空气中的盐雾很重，这些对资阳机车防潮、防腐和电气绝缘都提出了严峻考验。

图为在越南运行的"革新号"机车

见证"革新号"
成为越南运输主力

2003年4月23日，越南铁路第三联合企业的邓总经理到机务段与服务组进行了座谈。他对资阳机车在西贡4个月的运用表示满意，他表示，"革新号"机车对越南铁路的春运帮助很大，满足了越方的运输要求，也节约了燃油，越方在春运总结会上对"革新号"机车评价都很高。

同年5月21日，在另一次座谈会上，邓总再次提道："越南铁路第三联合2003年铁路运量要增加，其中占总运量40%的运输由资阳机车厂'革新号'机车来牵引，西贡机务段在越南铁路运输牵引中运量处于第一位，越方得到了中国专家服务组的大力帮助，机车达到了100%的投入运用。经过5个多月运用，机车总体没有大问题，所以我们很认可。驻段机车服务组不仅有技术能力，而且很热情，每天工作都处理得很好。"听到这些，吴家辉和服务组的同事开心地笑了。

7

"我们是合作多年的好朋友"

2018年5月,谢孟胜先生终于来到了中国四川资阳,这是他梦里一直想来的地方。这一次,他终于梦想成真。

因为多年以前,他和资阳就紧紧联系在了一起。

时任越南嘉陵火车股份公司董事长的谢孟胜,当过火车司机,做过火车修理,主管过车辆、机车等业务,是越南铁路与中车资阳公司合作的见证者。

图为谢孟胜到中车资阳公司做客

"我们是
合作多年的好朋友" ACHIEVEMENTS ON THE SILK ROAD

从2001年起，越南铁路总公司就开始引进中车资阳公司的干线内燃机车，到2005年，已经引进了40余台。"当时越南铁路还有德国机车，刚开始我们觉得资阳机车的外形不如德国机车，但经过一段时间的磨合和熟悉后，我们惊喜地发现，资阳机车不仅质量可靠，而且牵引性能稳定，甚至优于德国机车。"当时，谢孟胜尽管还没有与中车资阳公司正面接触，但在越南铁路总公司工作的朋友告诉他的这些话，他至今记忆犹新。

为推进越南本地化生产，2006年，中车资阳公司向越南转让"革新号"机车技术，在中国首次实现机车技术输出。

"很荣幸我们嘉陵火车股份公司承担了这一重任！"谢孟胜很兴奋地说起了这次技术转让。他印象深刻的是，在与中车资阳公司合作组装机车的过程中，中车资阳公司根据越南的实际情况，在原有的基础上，进行了部分设计调整，这更加符合越南铁路的运用习惯。

尤其让谢孟胜感动的是，在合作过程中，中车资阳公司派出了技术专家到现场无私指导，毫无保留地传授机车制造技术，为越南培养了很多技术工人。"这些技术工

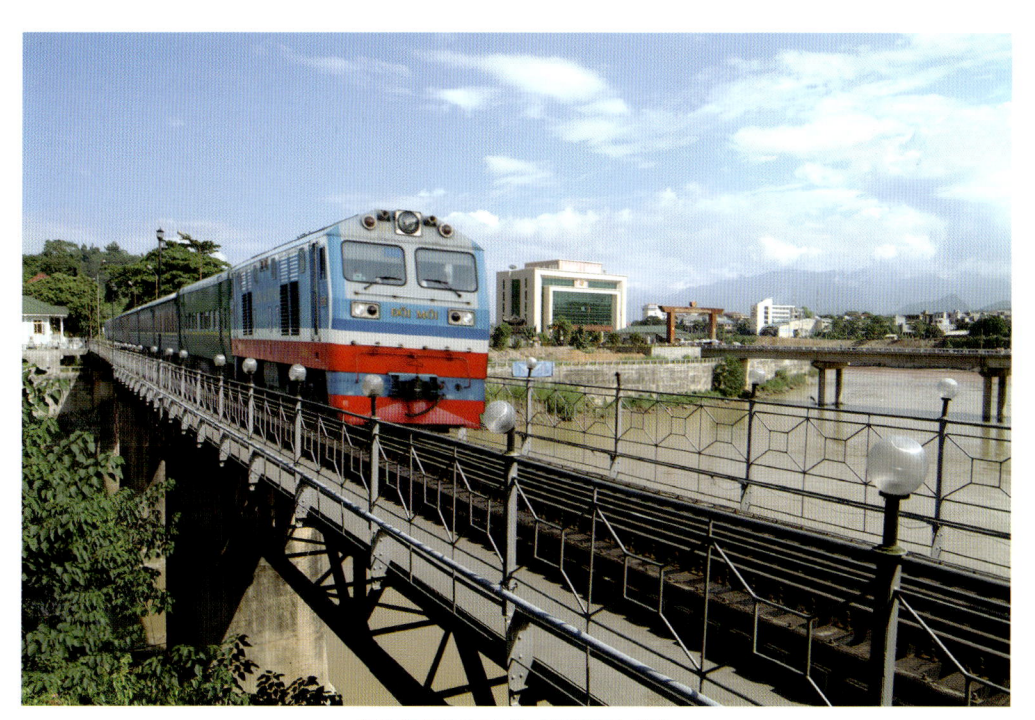

图为飞驰在越南的"革新号"机车

图为中车资阳公司研制越南"革新号"生产现场

人掌握了机车技术后,帮助我们实现了机车的更好运用及检修!"谢孟胜连声说道,"谢谢中车资阳公司!"

2006—2010年,嘉陵火车股份公司在中车资阳公司的帮助和指导下,成功在越南本地化生产40台"革新号"机车。

如今,在越南,仅占越南机车总量近1/3的资阳机车,承担了越南铁路50%以上的送转任务,各型机车成为越南铁路的主力军。

这次在中车资阳公司生产现场,谢孟胜看到了中车资阳公司强大的工艺质量保障能力。"可以说,中国制造业已达到了世界一流的水平。"他由衷地赞叹道,同时也表达了自己最迫切的愿望:"中国中车是中国的一张响亮名片,中车资阳公司是越南合作多年的好伙伴,希望双方能进一步合作,不断提升嘉陵火车公司的基础能力!"

他还乘坐了中车资阳公司自主研发的悬挂式单轨列车,感觉这是一个好的发展方向。"如果越南有机会引进的话,可以帮助我们解决地面交通拥堵的问题!"他真诚地希望,悬挂式单轨列车有一天可以成为越南一道靓丽的风景线。

8

精诚服务
在越南

2001年至今，中车资阳公司研制的CKD7F型机车先后多批次出口越南，承担起繁重的运输任务。这些被命名为"革新号"的机车，是目前越南铁路牵引力最大、性能最先进的车型。在越南铁路第一联合企业数量占20%的"革新号"，牵引了越南铁路运输总量的40%，受到越南铁路有关方面的高度评价，并引起了东南亚国家的关注。

越南用户对"革新号"的青睐，既包含着中车资阳公司领导、营销、设计、管理和操作人员的艰苦努力，也包含着售后服务人员的艰辛付出。

图为中车资阳公司服务组员工赴越南服务

第一印象

2002年1月20日，越南老街。

"革新号"机车交接仪式上，资阳内燃机车厂（现中车资阳公司）把"机车钥匙"交付越方铁路代表团。此刻，作为首批10台"革新号"机车的服务人员——吴家辉、辛宗敏、张斌、罗强等人已深深地意识到，从此售后服务的重任已落在了自己的肩上。

按照越南铁路有关方面的要求，8台机车将于2002年2月中旬投入春运。越南铁路联协对此十分重视，专门成立了由铁路联协、第一联合企业、河内机务段组成的试验组，负责对机车的各项试验作出准确评价。对方要求每台机车都必须经过空载和货运、客运的牵引试验，然后由试验组和资阳厂服务组双方代表签字认可后机车方能投入使用。

吴家辉等4名服务人员立即开始对机车进行了必要的检查和整备工作，首先移交随车图纸、配件资料和工具等，随后又对机车进行检查。每天早上7点，他们便到达

图为在越南运行的"革新号"机车

机务段，开始对机车进行启机整备，随后进行单机空载试验、货运牵引试验和客运牵引试验。为了抓紧时间，他们2个人一组，每组一天至少完成2台车的试验。做单机空载试验和货运牵引试验时，当天大概要晚上八九点才能回到旅店；做客运牵引试验时，则要到第二天早晨四五点才能回到旅店。但是，不管多晚回到旅店，他们第二天早上7点，又要准时到达机务段。

2002年1月30日，越方为了全面考核资阳机车，由铁路联协阮友鹏副总经理带队的专家组和资阳内燃机车厂（现中车资阳公司）交车代表团成员均亲自添乘，以9号机车作为试验车，验证机车的通过能力。该机车牵引一列500吨的旅客列车从河内到达岘港，全长800千米，其中有一段20千米长的17‰的长大坡道。上午11点列车准时发车，列车供电全由机车供给，机车到达17‰坡度时，越方要求司机坡停启机，以考验机车的性能。机车缓缓启动后，持续速度达到25千米/时；在下坡时采用电阻制动，完全不需要使用空气制动，机车能恒速在35千米/时运行，完全符合合同要求。机车的出色表现，得到了越南有关方面的肯定，一位曾在中国留学的越南铁路老专家，用不太流利的中国话告诉服务组："中国的机车非常好，非常平稳，我们都很喜欢。"随后，机务段选派了35名经验丰富的司机，由服务组人员进行理论和实作的培训，并于2月2日对他们进行了严格的考试，筛选出最好的司机担任"革新号"机车驾驶任务。

首批"革新号"机车很快投入运营。由于"革新号"机车的出色表现，资阳内燃机车厂（现中车资阳公司）赢得了第二批订单。2002年年底，第二批10台机车到达西贡机务段。廖中文、邵文龙、冉学平加盟到服务队伍中。

在西贡，机车是晚上牵引列车出发，第三天早上牵引列车回到机务段，如此循环往复，每天投入特快旅客列车牵引的机车是6台，其余4台机车作为备用车牵引货运列车。这样，每天回到机务段检修的机车都在3台左右。服务组基本上没有休息日，为服务组做翻译的越南同志开玩笑说："我跟着你们都没有了正常的休息时间了。"

深厚的友谊

服务组不仅工作辛苦，而且生活上也挺"困难"。这种困难不是经济上的拮据，而是饮食不习惯。由于越南气候炎热，当地人饮食很清淡，油荤少，做菜没有什么佐料，吃惯了四川风味的服务组人员着实觉得没有什么味道。常用来作佐料的就是鱼露和虾酱，据说鱼露是用底部有1个小孔的大缸，里面放一层海鱼撒一层盐，再放一层海鱼撒一层盐……这样放一段时间，从下面流出来的液体就是鱼露了。当地居民很喜欢吃，而服务组部分人员实在吃不惯。刚到越南时，由于饭馆都为越南人准备了这两样东西，服务组人员在吃饭时就会闻到这股气味。一个礼拜后，服务组中就有两人的肠胃开始受不了，特别是张斌，接下来一周都吃不下东西，更不敢再到外面饭店吃饭了，闻到那股味道就反胃。1个月下来，大家的体重明显下降了，甚至有人瘦了10千克，后来主管营销的副总了解到这一情况，开玩笑说："谁想减肥，到越南来保证见效。"

在越南服务的日子里，服务组大都是自己买菜做饭。服务组组长吴家辉把后勤工作交给了年龄最大的老大哥辛宗敏。在住处的附近有一个集市，辛大哥和其他组员去买菜，成了集市上一道独特的风景——在越南，大都是妇女买菜，服务组人员进入菜市场就特别惹眼。后来，机务段周围的居民逐渐知道来了几个中国人。于是，在服务组人员买菜时，便不时听见背后有人用不太标准的汉语说"中国、中国"。从这些细节之中，服务组的人员意识到，自己的形象不仅代表机车厂，从某种意义上说还代表着中国的形象。因而，不管工作上和生活上有多大困难，都想方设法克服。

34岁的吴家辉是工艺技术部的高级工程师，2002年1月至2003年6月，先后2次赴越南河内和西贡负责服务工作。作为服务组组长，为了使整个服务工作处于受控状态，他带领组员建立了机车维修配件明细，每台机车都建立了台账；同时，充分利用方便快捷的网络，每周向工厂反映机车的运用情况，利用数码相机对机车故障进行拍照并发回工厂供技术部门参考，并对机车质量问题提出相应的改进建议。这些做法缩短了处理问题的时间，得到了越方的好评。

2002年2月5日，吴家辉的妻子乔瑛通过工厂正在越南交车的领导告诉他：父亲患胃癌晚期，只有半年的时间了。其实，医生诊断只有2个月时间了，妻子怕他着急，故意多说了几个月。吴家辉听说这一消息，心里十分难受，他是家中的独子，在父亲生命的最后时刻，他多想在父亲身边照顾他老人家！但当时第一批10台机车交验正处于紧要关头，身为服务组组长，手头的工作实在太多。于是，他希望公司在3月初机车投入正常运用后，能允许他回国照顾父亲。公司领导知道了这件事，批示他立即回国照顾父亲。2月8日，除夕的前两天，他怀着焦急的心情赶回资阳，行李里没有一件买给孩子的礼物。3月23日，父亲离开了人世。4月初，他再次奔赴越南河内服务。

服务组的人员把很多业余时间用于学习。李化等人先后买来英语磁带和越语磁带，一有时间就打开录音机反复地听，他们想多掌握一两种语言，以便与用户沟通。同时，他们还相互学习技术知识，取长补短。

强烈的敬业精神，刻苦的学习劲头，以及对各种机车质量故障的判断和处理能力，得到了越南铁路领导、机务段职工的高度肯定和信任。越南铁路有关方面的领导在生活上尽量给服务组提供方便，在服务组遇到困难时更是关怀备至。辛宗敏得了胆结石，段长亲自安排汽车每天接送他到医院看病。2003年春节，机务段副段长考虑到服务组几个人没有节日"气氛"，便请服务组人员到家中做客。一名机务段职工在结婚时，盛情邀请服务组参加婚礼，这对新人将自己请来了中国人作嘉宾当成一种荣耀。2003年6月，机车厂安排吴家辉回国，机务段得知这一消息后，连续2周时间里，机务段段长、司机、检修人员和技术人员，每天都有人安排饭菜为他饯行。服务组与机务段的领导和职工不仅建立了良好的工作关系，而且建立了深厚的个人友谊。

9 中土跨国姻缘

初到土库曼斯坦

2018年1月的一天,土库曼斯坦阿什哈巴德国际机场走出三个中国人,其中有一位面容清秀、略显清瘦的女孩,三人拖着拉杆箱正等着当地业主的接机人员。

女孩叫陈曦,那一年28岁。5年前,即2013年,她从四川外国语大学成都学院

图为陈曦(左二)与公司技术、售后服务员工以及土库曼斯坦员工合影

（现成都外国语学院）俄语专业毕业，进入了中车资阳公司。这一年，习近平主席提出了"一带一路"倡议。

陈曦是公司国际市场部的俄语翻译，这是她第一次到土库曼斯坦。公司派她来，是要完成一个5台机车的交车任务。机车使用方是土库曼斯坦国家铁道署，合同甲方为土耳其的一家建筑公司。因此，这次交车，她要与土库曼斯坦用户和土耳其有关人员打交道。

遇见Safak Yuce

交车地点在土库曼巴希国际海港。这个海港位于土库曼斯坦土库曼巴希市的里海边上，该港口是通过海上、公路和铁路连接中亚和欧洲的"海上门户"，是里海地区最大的运输中转枢纽。

交车工作开始后，土库曼斯坦派出了来自铁道署、海洋管理署的验收专家，土耳其派出了甲方公司的验收工程师，共同完成这次任务。三方合作十分顺利，各项检测、试验有条不紊地进行。

土耳其团队中有名小伙叫Safak Yuce，是名经验丰富的工程师。他负责国际海港项目中所有的设备验收工作，大到机车轮船，小到办公室内的打印机微波炉，全部由他负责验收，因此作为翻译，陈曦需要常常和他打交道，与他交流处理交车及验收过程中的各项问题。

由于土库曼斯坦国情特殊，当地网络管控受限，交车团队起初无法与国内正常联系，团队无法汇报工作，服务人员个人也没办法和家人联系。Safak Yuce从陈曦那里了解了他们的困难，用私人电话帮陈曦打通了国内的电话，随后又想尽办法帮陈曦解决了当地通信和网络问题，使交车团队有了和国内沟通的渠道。

交车工作过程中，当交车团队遇到困难需要帮助时，无论是场地还是工具、设备，Safak Yuce总是积极热情地提供帮助，及时地为团队解决困难。通过观察，陈曦发现Safak Yuce总是面带微笑，耐心温柔地和他人交流以顺利解决工作中的问题。

一次谈话中，陈曦问他："项目现场工作量这么大，事情又多又烦琐，为什么你总能保持良好的心态，包容他人，耐心积极地处理问题呢？"Safak Yuce回答道："是的，我每天早上8点就开始在现场工作，常常需要工作到晚上10点甚至11点才能回到宿舍，虽然累，但这是我的工作，我只是想把该做的都做好而已。"这段话让陈曦觉得Safak Yuce是一个很有责任心的人。

图为陈曦和Safak Yuce

随着工作时间的推移，两人认识的时间也越来越长，每周只有一天休息时间的Safak Yuce，会抽时间在休息日带陈曦在当地转一转，了解土库曼巴希海港周围的风土人情，慢慢地两人从工作伙伴变成了朋友。同时，通过机车的验收工作，在当地司机的帮助下，Safak Yuce第一次体验了资阳机车的添乘。虽然距离不远，但他认为这对于机械工程师是一种很棒的体验。经过几个月的相处，由于双方对工作的认真态度和相似的兴趣爱好，陈曦和Safak Yuce慢慢相互产生好感。虽然知道异国恋会面临各种困难和质疑，但在交车团队最后一次回国之前，两人进行了一次深刻交流。Safak Yuce告诉陈曦："人与人的相遇是缘分，我们两个人来自相隔几千千米的两个国家，在这里相识、相爱，非常不容易。"陈曦也认为应该好好珍惜这难得的缘分，因此两人约定，不管未来结果如何，从现在开始，两个人相互信任、相互扶持，一起创造属于两个人的未来。

波 折

2019年的夏天来临前，Safak Yuce为了能够来到中国与陈曦的家人见面，毅然决然地辞掉了海外的高薪工作，并表示愿意为了她留在中国工作和生活。在中国工作和生活的大半年期间，Safak Yuce通过他的实际行动打动了陈曦的家人。最开始，陈曦的家里人大多反对这段恋爱关系，但是慢慢地，一家人都喜欢上了这个温柔善良，对待陈曦一心一意的外国人。

2020年的春节，陈曦决定带着家人和Safak Yuce一起回土耳其，与Safak Yuce的父母见面，将两人的婚事定下来。临行前，Safak Yuce拿出了早就偷偷准备好的钻戒，原来他在来中国之前就已经买好了钻戒，做好了决定，陈曦立刻就答应了他的求婚，开心地向自己的妈妈展示着爱人送的戒指。到了土耳其之后，Safak Yuce的父母拉着陈曦的母亲说了好多好多，双方父母都希望两个而立之年的人尽快结婚。奈何好事多磨，在土耳其期间，新冠病毒肆虐，为了不让Safak Yuce的家人担心，陈曦决定和家人先回国，留下Safak Yuce在土耳其多陪陪父母，待国内疫情好转后他再回到中国。谁曾想，这一场疫情迅速蔓延至全球，2020年3月，中华人民共和国外交部、国家移民局发布了《关于暂时停止持有效中国签证、居留许可的外国人入境的公告》，而那个时候Safak Yuce还没有回到中国。

选 择

疫情期间，陈曦和远在千里之外的Safak Yuce每日依靠网络联系，互相分享日常，由于现实距离问题，两人也有过争吵，但也从没放弃过彼此。经过了一年多的两地相隔，疫情仍不见好转，Safak Yuce始终没有机会再来中国，于是两人商量准备在土耳其相聚，这意味着陈曦需要从中车资阳公司离职，到土耳其定居。处于人生十字路口，到底如何抉择？一次中车资阳公司国际市场部领导和她的谈话，让陈曦找到了答案。"疫情之下，公司国际业务承受着巨大压力，此时在土库曼斯坦公司有一个重要项目正处于攻坚阶段，需要这个项目尽快落地！无论是作为在中车资阳公司工作了近十年的'老员工'，还是对土库曼斯坦这个地方怀有感情的'年轻人'，这个时候都需要你留下，去完成这项使命。"艰难方显勇毅，砥砺始得玉成，陈曦最终选择了留下，和Safak Yuce约定，将两人相聚的时间向后推一推，这一推，便来到2022年年初，这一年，中车资阳公司喜获出口土库曼斯坦的机车订单，此订单为中车资阳公司十年来在土库曼斯坦获取的最大批量机车订单。签单后，两个年轻人通过视频表达欢喜，因为土库曼斯坦也是他们缘分开始的地方。

见面的机会终于等来了。

2022年9月，中车资阳公司再次向土库曼斯坦铁路用户交付2台双机重联干线货运内燃机车。这是2022年上半年，中车资阳公司克服新冠疫情的影响，与土库曼斯坦客户签署的15台30节双机重联干线货运内燃机车合同中的首批机车。该笔订单也是近十

图为陈曦和Safak Yuce

年来，我国获得土库曼斯坦最大的一笔内燃机车订单。

2022年9月，陈曦被公司再次派往土库曼斯坦，执行交车任务。她在迪拜转机时，Safak Yuce从土耳其飞过来与她相遇，两个相爱的人终于再次相见。

"执行完交车任务，我们就结婚！"两人深情相拥，共同决定。随后，两人再次分离。

2022年12月，这对爱在"一带一路"上的中土跨国情侣，终于把结婚提上日程。

2023年8月12日，两人在四川资阳举行了一场别开生面的中式婚礼，喜结良缘。

"一带一路"倡议提出十年来，中车资阳公司不仅员工收获了甜蜜的跨国恋，而且成为"一带一路"建设的坚定践行者、推动者，先后向泰国、越南、巴基斯坦、哈萨克斯坦等10余个国家的用户提供各类机车近320台，这些机车为当地的铁路运输和经济发展作出了重要贡献。

"这是我们收到的最有意义的礼物。"陈曦表示，正是"一带一路"倡议深入推进，通过公司出口土库曼斯坦机车项目，自己才有幸认识了Safak Yuce，收获了幸福美满的婚姻。"感谢中车让我们紧紧在一起，我们会珍惜这份缘分，在各自的岗位上全力以赴，为建设世界一流中车贡献自己的力量。"

中土跨国姻缘　　ACHIEVEMENTS ON THE SILK ROAD

图为中车集团党委副书记王铵（左三）等领导向新人赠送凤凰磁浮车模，祝福他们鸾凤和鸣、美满幸福

图为中车资阳公司党委书记、董事长陈志新（左一）和党委副书记周莉（右一）向新人赠送土库曼斯坦机车车模，祝福他们在这列"幸福列车"的陪伴下，永结同心，携手到老

土库曼斯坦监造师的资阳情结

"上一次来资阳,我还是个小伙子呢。"2022年8月26日,土库曼斯坦共和国铁道署阿什哈巴德机务段段长韦帕刚下飞机,一踏上中国的土地,就同前来迎接他的中车资阳机车有限公司国际市场部的接待人员亲切地交谈着。韦帕是一位幽默风趣的中年人,见到早已相识许久的老熟人——公司国际市场部陈曦,他扮了个鬼脸,笑眯眯地问道:"Соня(陈曦的俄语名),有没有想我?""当然了,您可是中车资阳公司的好朋友!"韦帕开心地笑了。一时间,欢快的气氛围绕着在场的每一个人。

谈起韦帕,中车资阳公司的老员工们都不陌生。早在2005年,他就跟随由土库曼斯坦铁道署派往中车资阳公司(时称中国南车集团资阳机车厂)的司乘人员培训团组来到了美丽的"西部车城"学习机车技术。那时的他才25岁,就已经成为一名专业的机车工程师。在中车资阳公司学习的一个多月里,韦帕的各项成绩都名列前茅,得到了授课老师的一致肯定。

时隔十七年,从朝气蓬勃的青年工程师成长为技术炉火纯青的机车专家,故地重游总能激起人们心中珍藏许久的回忆。还没等下榻休息,韦帕就主动提出到中车资阳公司的总部大楼看看。"这是我当时上课的教室""这里的篮球架搬走了?""当时我躺在这里看星星!"他一边回忆,一边介绍,"还是那个味道!"韦帕用不太熟练的中文,在前往酒店的路上满意地回味着刚才的游览。当我们夸他发音不错时,他转过头,调皮地眨了眨眼:"厉害吧,我一直都在学中文!"

韦帕此次到访资阳,是以机车监造的身份来监造中车资阳公司为土库曼斯坦新造的15组(30台)CKD9A-1型机车。该机车是由两节CKD9A型机车重联,可在任何一节车的司机室内对全车进行统一控制,并根据客户需求进行量身定制的明星产品,装

土库曼斯坦监造师的
资阳情结

ACHIEVEMENTS ON THE SILK ROAD

车功率3680kW，可满足客户对于大功率货运牵引的需要。

  作为一名经验丰富的机车技术专家，在机车事业部考察制造场所时，韦帕对中车资阳公司全套完备的工艺设备很感兴趣，他表示："有这样专业化的设备，一定能生产出高精度的零部件，并组装出令人满意的机车！"当看到印有"TURKMENISTAN"字样的、涂装一新的机车时，韦帕激动地问道："这是我们订购的新机车？"得到肯定的答复后，在随行人员的陪同下，韦帕和同行的翻译纳普一起登上了即将出厂的新造机车，在检查了司机室、动力室、柴油机等核心部位后，又下车检查了转向架、制动管路及燃料箱的安装。"在土库曼斯坦，'资阳造'一直是品质和效率的代名词，今天在生产车间，我看到了中车资阳公司的品质和效率。"站在CKD9A-1型机车前，韦帕和纳普共同竖起了大拇指。

图为韦帕和纳普点赞中车资阳公司自主研制的CKD9A-1型机车

  工作之余，公司员工会时不时到两人的住处，陪他们聊天，为他们制作颇具特色的中国菜。国庆节那天，包完饺子后，韦帕看着形似元宝的中国饺子，也包了几个土库曼斯坦式的饺子，两种样式不同的饺子放在一起，代表着不同文化背景下双方愈加深厚的友谊。

  中国南方的秋天相对潮湿，跟土库曼斯坦大不相同，2022年11月的一天，韦帕感觉有些头痛，在我们的建议下，他决定尝试去看看中医。前往诊所的路上，韦帕兴致勃勃地谈着自己从前对这门古老学问的了解，但当他真的在居民小区内，看到不起眼的中医诊所时，他疑惑了，这样看似普通的地方弥漫着中草药的特殊气味。我们告诉韦帕，医生通过脉象，就能较为准确地判断出病情，并对症下药。听到这番话，韦帕瞪大了眼睛："哦？这也太神奇了，比书上写的神秘很多！"

  随着机车的制造和发运工作进入尾声，韦帕的资阳之行也即将告一段落。在天府机场航站楼的入口，我们握着韦帕的大手，说着最后的祝福。目送着他拉着行李箱、渐渐远去的背影，我们的双眼也渐渐模糊。

  恍惚间，我们好像听到了一个熟悉的声音："有没有想我？"

11

资阳机车架起中哈"轨道桥梁"

位于中亚和东欧、国土横跨亚欧两洲、世界上最大的内陆国家哈萨克斯坦共和国，现有铁路总里程 16 006余千米（2021年）。如果将铁路比作丝线，将机务段比作珍珠，丝线从位于其疆域东南端的阿拉木图机务段起头，朝东北方向延伸至乌斯开麦机务段，再折向北部的阿斯塔纳机务段，超过2000千米的丝线，串起了9颗珍珠。

图为中车资阳公司出口哈萨克斯坦的调车机车

图为中车资阳公司出口哈萨克斯坦的货运机车

这9颗闪亮的珍珠身上，都闪耀着中国南车股份有限公司（英文简写"CSR"）的150多枚热烈、奔放的红色徽标——来自中国南车集团资阳机车有限公司（现中车资阳公司）自主研制的150多辆调车内燃机车，在哈萨克斯坦的疆土上飞驰、奔腾。

中国南车集团资阳机车有限公司（现中车资阳公司），这个中国最大的内燃机车研制出口基地，架起了中哈两国轨道交通装备领域的桥梁，为两国经贸领域的交流与合作贡献着力量。

生根——
"资阳造"机车奔驰中亚

让我们把目光投向昨天。

2004年12月27日,中车资阳公司与土库曼斯坦签订了71台出口机车合同,首度进军并开启了辉煌的中亚之旅。截至2011年4月,第3批75台土车订单签订,中车资阳公司出口该国机车总计达179台,创下中国机车出口单国数量最高纪录,成为中土两国经贸领域的最大项目。

中车资阳公司向土库曼斯坦出口机车的优异业绩,产生了积极的辐射效应:不仅吸引了乌兹别克斯坦采购了2台机车,而且赢得了哈萨克斯坦长达7年的青睐。

我们来看两组数据:

2006—2013年,哈萨克斯坦客户的总裁、总经理等高层领导20余次不远万里来到资阳,以高层到访、现场参观、业务洽谈等多种方式,细致了解中车资阳公司。

2006—2013年,哈萨克斯坦的4家公司向中车资阳公司采购了超过150台调车内燃机车,运用于2000多千米铁路线上的9个机务段。

优秀业绩靠优良数据体现,优良数据靠优异产品展现。中国南车资阳公司根据哈萨克斯坦的气候特征、铁路状况,为用户量身打造了智能化程度高、总体技术水平先进的调车内燃机车。这些调车机车可靠性高,能够较好地适应哈萨克斯坦-40℃～-50℃的高寒环境,而且公司的售后服务主动、及时、有效,赢得了一次又一次的肯定。

深入——
成功进入哈萨克斯坦干线货运领域

2012年7月25日21:30,中国南车资阳公司(现中车资阳公司)国贸大楼201会议室灯火通明。经过一天时间的洽谈,哈萨克斯坦某集团副总经理与资阳公司签订了一份合同,购买1台干线货运内燃机车。尽管这一单采购数量只有1台,但这一单的含金量很高,意味着公司的内燃机车首度挺进哈萨克斯坦干线货运内燃机车领域。

如果说因为见证了调车内燃机车的实力,从而使该型机车的采购量超过了150台,那么,从未见识过中国南车资阳公司(现中车资阳公司)干线货运内燃机车实力的用户,怎么就敢"吃螃蟹"下单?

原来，这台干线货运内燃机车的功率为2430千瓦，最高时速为100千米，适合在高热、低温和多沙环境下运行。该型机车已向土库曼斯坦出口超过了百台，机车的高可靠性和高可用性已经得到了充分的验证。

惊喜不断。

2013年2月3日，距离首台干线货运内燃机车登陆哈萨克斯坦的阿拉木图市仅仅10天，机车还未投入运用，该集团再次下单采购10台该型机车。这标志着"资阳造"干线货运内燃机车仅用半年时间，便批量进入哈萨克斯坦干线货运领域，而且在中亚轨道交通装备市场的影响力与日俱增。

图为运行在哈萨克斯坦的资阳调车机车

"半年时间批量采购还未正式投入运用的机车，充分体现了用户对中国南车产品的肯定和信任。"公司领导介绍："该用户制作的2013年挂历的封面图案就是我们为其量身打造的机车。"

升华——
携手合作制造调车内燃机车

"祝贺首台本地化生产调车机车下线！"时任哈萨克斯坦总统的纳扎尔巴耶夫于2012年12月25日当地时间16：35，通过视频祝贺与中国南车开展的调车内燃机车合作项目取得重大阶段性成果。首台哈萨克斯坦本地化生产调车机车下线，既为哈萨克斯坦独立21周年献上了一份厚礼，更进一步展示了我国轨道交通装备的研制实力。

2012年5月24日，在纳扎尔巴耶夫的见证下，中国南车与哈萨克斯坦铁路股份有限公司签署战略合作协议，由中国南车资阳公司（现中车资阳公司）提供技术和管理支持，实现自主研制的调车内燃机车在楚城机车维修厂本地化生产。战略合作协议的签署，奠定了两国在轨道交通装备领域深入合作的基础，拉开了哈萨克斯坦本地化生产中国调车内燃机车的序幕。

如今，中哈两国携手合作制造的首台调车机车，已经运用于阿斯塔纳机务段，嘹亮的汽笛声、轰隆的车轮声唱响了两国在轨道交通装备领域的紧密合作和声。

好戏要同台唱，更要连台唱。在首台本地化调车机车下线的基础上，双方将进一步加快在轨道交通装备组装、维修和技术服务的合作，积极推进和发展相关项目，同时培育和提升哈萨克斯坦轨道交通装备配套产业，打造重要的区域性轨道交通装备制造与技术服务基地。

12

中哈机车
情缘二十年

哈萨克斯坦，一个神奇的国度，因机车与中车资阳公司结缘。

2002年，中车资阳公司初次参与该国机车的国际招标。该项目由7家国内外知名公司参与投标，由于各种原因，本次招标搁浅。但中车资阳公司在中亚铁路市场第一次崭露头角，给中亚市场用户留下了深刻印象，从此开始了资阳机车的中亚情缘。

2005年，中车资阳公司在另外一次机会中获得了出口土库曼斯坦的机车订单。2005年8月，首批2台出口土库曼斯坦的内燃机车，在阿拉山口完成换装，即，把适应中国铁路标准轨距的机车转向架部分换装成适应中亚铁路的宽轨转向架，2台机车气势恢宏地途经哈萨克斯坦、乌兹别克斯坦，顺利抵达土库曼斯坦。

在多批次机车途经哈萨克斯坦之后，中国的新型机车以崭新的面貌、优异的运行业绩，在中亚市场引起强烈反响。哈萨克斯坦某集团便是该国首家"吃螃蟹"的企业，他们深入中车资阳公司实地考察，于2006年1月直接与中车资阳公司签订10台内燃机车订单。中车资阳公司深入分析用户个性化特点，再次展示了强大的设计、制造能力，仅用半年时间，完成2款车型10台机车的设计制造任务。2006年8月，机车运抵热孜卡茨干用户所在地，正式投入运行。

时间来到2008年，中车资阳公司出口土库曼斯坦的机车成功运营了2年多时间，期间多次担任土库曼斯坦国家重大外事活动的牵引任务。哈萨克斯坦国家铁路在深入了解中车资阳公司出口土库曼斯坦的CKD6E调车内燃机车后，于2008年7月与中车资阳公司签订15台调车机车合同，这是哈国铁与中车资阳公司签订的首单商务合同。

中车资阳公司仅用4个月时间就完成了机车制造，并于当年12月底将机车发往中哈边界多斯特克。机车到达后，正值寒冬，风大、雪大、气温低至零下二三十摄氏

中哈机车
情缘二十年

ACHIEVEMENTS ON THE SILK ROAD

度,当时,中车资阳公司交车技术团队因签证原因暂未到达多斯特克,仅有两名商务人员在现场。但哈国铁急需用车,他们派遣了7人的交付验收团组立即前往马泰机务段开始机车验收,积极配合用户开展了相关的交付试验工作。

验收机车时,哈国铁使用了全套的美国试验设备。中车资阳公司先后做了整车整备、静态启机、机内外噪声测试、排放、单机紧急制动、正线牵引性能等试验。各项试验均很顺利,哈萨克斯坦的机车验收团队非常满意,甚至其中的一项试验都令哈国铁专家折服了,这就是正线性能试验。

资阳机车柴油机的装车功率是990千瓦,与机车微机显示存在差异。哈国铁科学院的一位头发花白的老院士,怀疑中车资阳公司的柴油机功率标注有问题,要求做水阻试验。当时风雪交加、气候恶劣,尽管马泰机务段的试验设备简陋、试验人员只派

图为出口哈萨克斯坦的调车机车

出两个人，但在国内专业技术人员的指导下，水阻试验顺利完成，验证了中车资阳公司柴油机的标定功率是准确无误的！

  第二天，中哈双方在马泰机务段召开机车验收专题会，哈国铁机车验收组一致表示，资阳机车表现优异，通过交付试验！哈国铁科学院的院士伸出了大拇指，并连说三个"麻辣鸡丝"（俄语音译，意为"好样的"）！

  机车运用情况十分理想，2010年，哈国铁再次采购中车资阳公司30台调车机车。

  时间进入2012年，中车资阳公司又成功获得哈国铁的64台调车机车订单。同年5月，在哈萨克斯坦江布尔州塔拉兹市，时任中国南车集团董事长赵小刚、哈萨克斯坦国家铁路公司总裁马明在战略合作协议上签字，时任哈萨克斯坦总统的纳扎尔巴耶夫见证签字仪式。该协议的签订，掀开了中哈铁路领域深化合作的新篇章——中车资阳公司将向哈国铁输出机车制造技术，并提供管理支持，帮助哈铁楚城机车修理厂实现调车内燃机车的本土化组装。在中哈双方的共同努力下，首台哈萨克斯坦本土化组装的调车内燃机车于2012年12月16日（哈萨克斯坦独立纪念日）下线剪彩。

  同年，哈国铁旗下的另一家机车公司也与中车资阳公司签订了10台调车机车合同。资阳机车的良好表现在哈萨克斯坦引起了持续反响，当地的一家私企也向资阳公司采购了3台调车机车、1组CKD9C型重联干线内燃机车合同。从此开始了CKD9C型机车在哈萨克斯坦的重大突破，随后几年该企业多次向资阳公司采购CKD9C型机车超过40台，成为该型机车在哈萨克斯坦最大的采购商。

  2022年，中车资阳公司在哈萨克斯坦设立办事处，并成功与当地一家公司开启了新的合作。未来，中车资阳公司将继续秉承"客户至上"的价值哲学，用高品质的产品和服务为哈萨克斯坦等中亚市场带去发展的新动力。

13

阿拉山口换装

2011年12月16日，中车资阳公司首批出口乌兹别克斯坦的新型八轴调车机车在阿拉山口展开转向架的换装作业。为什么要换装呢？由于中国铁路采用的标准轨距（1435毫米），而中亚国家使用的是宽轨（1520毫米），因此机车出厂时需要采用分体运输，运达"国门"阿拉山口再进行机车转向架的换装，这有点类似"乾坤大挪移"，机车要在规定的时间内完成车体和转向架上下部分的重新组装，并通过用户委托的第三方验收，方可最终出关。

图为首批出口乌兹别克斯坦的机车在阿拉山口换装转向架

阿拉山口又名"风都",位于阿拉套山与巴尔鲁克山之间,阿拉山口口岸距相邻的哈萨克斯坦多斯特克口岸仅12千米。这里年平均8级以上大风166天,12月又正是极寒之时,最低气温可到零下三十多摄氏度,换装、整备难度可想而知。阿拉山口唯一的换装车间无法满足八轴机车换装整备条件。机车出关在即,第三方验收人员也即将到达山口现场,怎么办?中车资阳公司的换装团队经过与货运代理和山口相关人员交流,最终决定租用两台超高起吊机,在露天进行转向架落架相关作业!

中亚一直是中车资阳公司的传统市场,虽从阿拉山口出关到哈萨克斯坦、土库曼斯坦等国家的机车早已超过百台,但如此换装操作还是头一回。

2011年12月6日,一大早,工人们就冒着严寒赶到吊装工作现场。狂风呼啸着,从他们早已冻红的脸上刮过,呼出的空气即刻在睫毛上、发丝上结成白霜,他们却浑然不知。一切准备工作完成后,机车车体将从两头吊起,到达一定高度后要从货车上空平移至轨道上的转向架上。整个过程只有两个要求:平稳、精准。平稳起升,精准下落。如果调度指挥不当或者调车司机操作过急,都可能导致车体重心不稳倾斜坠

图为中车资阳公司员工在机车换装现场

图为中车资阳公司员工在机车换装现场临时搭建的帐篷里

落；如果架位不准，亦可能返工甚至造成底架受损，后果不堪设想。担任现场总调度的老师傅，由于患重感冒嗓子嘶哑，连说出一句完整的句子都很困难。"1号机，再抬升10来厘米！对！好了！停！2号机……"当车体伴随沙哑的嗓音一步步被架高，现场人员心提到了嗓子眼。经过一番紧张的吊装作业，车体终于精准"归位"，大家紧张的心逐渐平复下来。

零下二十多摄氏度的极寒天气没能冰封大伙儿对工作的热情，直到换装工作告一段落，工人们才陆续进入路边临时搭建的帐篷"大本营"，喝上一口热茶。帐篷外，狂风仍然呼呼地刮着，但刮不去他们在冰天雪地里为机车成功换装的喜悦。两天后一个大雪后的清晨，第三方验收工作顺利完成，现场工作人员开心地唱起了《北国风光》那首经典老歌。

2013年，中国提出了"一带一路"倡议。对于中车资阳公司来说，未来无疑将有更多的机会与挑战。阿拉山口的机车换装故事仅仅是一个开始，作为"一带一路"的先行者，中车资阳公司的机车还会再来阿拉山口！

14

中车资阳，
为巴基斯坦铁路插上翅膀

机车机破事故从每年11.06起，下降到1.61起；

铁路运营总收入以平均每年30.5%的速度增长，4年间增长了122%；

客货运准时率从42%提升到77%；

机车可利用率从80%上升到90%左右；

为当地创造就业岗位100多个；

……

图为奔驰在巴基斯坦的资阳机车

从巴基斯坦拉合尔新机务段段长阿桑嘴里说出的一连串数据，道出了2014年以来巴基斯坦铁路运输发生的重大变化。

而这一切，缘于资阳机车的到来，缘于资阳技术的输出，缘于资阳服务的付出……

资阳机车——纾困"巴铁"

巴基斯坦，"一带一路"建设的重要参与者，中国人民的铁杆朋友和全天候战略合作伙伴。

在2013年6月引入资阳机车之前，巴基斯坦拥有的471台机车中，只有180台可以勉强运营。就是这些勉强可以运行的机车，大部分也已超过了服务年限。这些机车，大部分用于客运，货运每天还不到1班次。在这样的运营状况下，巴基斯坦铁路运输收入不断减少。

为恢复消费者信心并创造收入，2013年，巴基斯坦铁路公司经过实地考察，分3次向中车资阳公司采购了63台干线内燃机车，其中5台在巴基斯坦本地化组装。

针对巴基斯坦的线路、气候等条件，中车资阳公司专门设计了轴重为17.5吨和22.5吨的两款机车。这是中车资阳公司在直流宽轨技术平台上，出口的技术档次最高的直流机车，排放达到TierⅡ和EU ⅢA标准。机车还采用了主辅同轴、模块励磁等先进技术，尤其针对多风沙环境，设计了洁净空气室，对进气、通风等系统进行过滤。

2014年3月，这些机车开始陆续交付。8月14日是巴基斯坦独立日，巴基斯坦铁路公司组织了16台"资阳造"机车投入运用，当天便创收8000万卢比，约合80万美金。"这是一个伟大的成就，标志着资阳机车在巴基斯坦取得的成功。"时任巴基斯坦铁路公司总工程师高兴地说道。

资阳机车的到来，使巴基斯坦的铁路运输状况得到了极大改善。2013年，巴基斯坦铁路公司收入仅为180亿卢比；而到了2017年，巴基斯坦铁路公司年收入达到了400亿卢比。更让他们高兴的是，货运收入在总收入中的占比大幅上升，由以前的不到13%提升到了31%。

"当时，巴基斯坦铁路面临没有机车可用的窘境。资阳机车就是在这种特殊情况下到来的。资阳机车经济性非常好，让我们成本投入少了50%左右，为我们创收

图为资阳机车在巴基斯坦担当运输主力

的同时，也为巴基斯坦的铁路发展铺好了路！"说起资阳机车带来的变化，阿桑赞不绝口。

输出技术——助力"巴铁"

授人以鱼不如授人以渔。中车资阳公司不仅仅出口机车到巴基斯坦，还输出机车技术，帮助巴基斯坦掌握机车制造技术。

巴基斯坦向中车资阳公司采购的63台干线内燃机车中有5台安排在巴基斯坦当地组装。如果以大部件组装的方式完成，会更方便操作和执行。但为了让巴基斯坦更好地掌握机车制造技术，中车资阳公司采用了全散件组装方式。

公司的技术专家抱着图纸，指导巴基斯坦员工将一块一块钢板焊接组装成构架、车架、车体；焊接技师指导巴基斯坦员工，从一根根电线放线开始，到组装完成司机室……一批又一批中车资阳公司员工，不远万里，抵达巴基斯坦，帮助巴方员工掌握机车工作原理、操作要点，甚至动手教他们制作工装工具。

针对巴方员工特点，中车资阳公司的专家组把图纸复印送给他们，以备他们经常查阅使用；针对巴方员工上下午都要祷告，作业时间不完整的情况，专家组制订了"特殊"的作业计划，保证项目进度有序推进；针对巴方制造人才短缺现象，专家组强化了理论培训和实作指导……

图为巴基斯坦用户举行资阳机车上线运行仪式

就这样，5台机车圆满完成本地化组装！

巴基斯坦机车修理厂的技术人员和操作者基本掌握了机车组装的流程、主要技术参数以及相关的组装制造能力。如今，除比较精密的柴油机组装外，巴基斯坦修理厂已经能够完成机车大部分大部分的制造和维修工作。

维保服务——提升"巴铁"

良好的机车质量，先进的制造技术，赢得了巴铁的高度信赖。中车资阳公司与巴铁再次深入合作——签订了63台机车的维保合同。这是中国制造在出口共建"一带一路"国家中，实施"产品+技术+服务"的又一典范，标志着中车资阳公司实现了从"输出技术"向"输出服务"的又一次飞跃。

巴基斯坦铁路线路路况复杂，但对机车的维保响应要求却非常高。为此，维保项目组快速搭建组织机构、管理制度、工作流程后，决定从机车"趟检"入手，帮助巴基斯坦铁路快速提升机车使用效果。

项目组设计了10余份"趟检"记录表，确立了156个检查项点。大家带着巴方人员，逐一对照项点进行检查，并告知巴方人员检查内容、检查要求以及填表要求。一开始，严密的"趟检"流程和管理，让巴方员工很不适应。为此，结合巴方提出的意见，项目组又优化了表格内容，将10余份表格合并为4份，使记录和操作更适合巴方操作习惯。目前，巴基斯坦拉合尔新机务段已基本具备独立开展"趟检"工作的能力。同样，在拉合尔机车修理厂，项目组成员手把手地教当地员工开展机车"中修"维保，每个步骤都按照项目组设计的工序流程操作，当地员工也从"学员"变成了"操作员"。

中车资阳公司不仅教会巴方员工机车维护保养，还带去了管理经验。2018年6月4日，一个特殊的会议在拉合尔新机务段会议室召开，主题是"如何快速实施机务段5S管理"，这标志着维保基地现场管理水平提升工作正式启动。"我们实施5S管理后，机务段比之前更加干净、整洁、舒适了。"阿桑开心地说道。

资阳奉献——感动"巴铁"

为了资阳机车的顺利运转，为了让巴方人员更好地掌握机车制造技术和维护服务技术，中车资阳公司员工付出了太多，太多……从机车交付那天开始，他们远离家乡，至少要在当地待上半年才能回到资阳，与亲人团聚。

成都双流国际机场。出境口这边，仇建军拎着行李去巴基斯坦；入境口那边，徐南刚从巴基斯坦服务回来，隔着厚厚的玻璃，两人的手掌握拳碰在了一起。就这样，无数次的"你回我去，你去我回"，重复着服务巴基斯坦的故事。

电气技术主管赵孝俊，出差时儿子刚满1岁，由于长期在外，"孩子在视频中已经不叫我爸爸了！"他红着眼圈、哽咽着说道。

这些服务人员，在巴基斯坦除了艰辛的工作，还要承受当地的高温酷暑。为了资阳机车在巴基斯坦铁路的顺利进行，为了让中国中车的旗帜高高飘扬，为了让中国制造更加响亮，他们觉得一切的付出都是值得的。

如今，巴基斯坦的骄阳仍在炙烤着大地，承担着巴基斯坦铁路70%至80%运输重任的资阳机车，在这片土地上更加欢快地驰骋。

"我们欢迎中国的'一带一路'建设，我们渴盼更多的中国机车、更多的资阳机车，帮助我们的铁路建设发展得更好！"阿桑的话，道出了巴基斯坦人民的共同心愿。

15

资阳机车为巴基斯坦女孩
点燃人生梦想

    玛莫娜是一位美丽的巴基斯坦女孩。虽然很年轻，但她尝到了人间百态，最终是资阳机车彻底改变了她的命运。这到底是怎么回事呢？

    2012年，玛莫娜从巴基斯坦名牌大学毕业，她想一展抱负，实现自己的美好梦想，可费尽周折，她始终找不到合适的工作。

图为玛莫娜在中车资阳公司驻巴基斯坦项目部工作

于是，她去纺织企业做女工，给小孩子们当家教，多种尝试都以失败而告终。正当她感到人生无望时，报纸上的一份招聘广告，带给了她新的希望。原来，一批中国机车来到了巴基斯坦，正在招聘文秘人员。

这批中国机车，就是巴基斯坦铁路公司向中车资阳公司采购的63台干线内燃机车。通过激烈角逐，玛莫娜成为中车资阳公司驻巴基斯坦项目部的一名文秘人员。

"特别开心能成为我们当地在巴基斯坦铁路机务段工作的第一位女性，邻近社区的人都很羡慕我。"玛莫娜说。

"我努力地学习，努力获得好成绩，目的就是证明我们女孩也可以像男孩一样自食其力，或许还会做得更好。"

图为玛莫娜和中车资阳公司外聘的当地员工

整理文件、档案、参与会议记录、兼职翻译，负责维保管理系统的数据录入等，玛莫娜加倍努力，认真对待自己每一天的工作。

在不断实现自己梦想的同时，玛莫娜也见证了资阳机车为家乡人民生活带来的变化。在资阳机车到来之前，巴基斯坦的铁路机车十分短缺，从卡拉奇到拉合尔1700多千米的旅程需要24小时左右，而且机车很容易发生故障，大多数巴基斯坦旅客，宁可乘坐汽车或飞机，也不愿意乘坐火车。

如今使用中国机车后，同样的路段，运行时间缩短30%以上，乘坐舒适度也大为提升，民众对铁路运输恢复了信心。

在机务段工作了近3年时间，正当玛莫娜感到收入和工作比较稳定的时候，2017年5月，中车资阳公司提供的机车质保期结束，巴基斯坦资阳机车项目部随之撤销，她被迫离开了机务段。

失去工作的她，再次站在了人生的十字路口。

她试图重新找工作，但在当地，除了医院、通信系统较可能录用女性外，其他领域的大门很难对女性敞开。

机遇又一次来临。2017年7月，中车资阳公司与巴基斯坦铁路公司再次签订了机车三年维保合同，在当地机务段段长的推荐下，玛莫娜又成为了资阳公司巴基斯坦机车维保现场项目组的一员。

"我非常珍惜现在的工作，这里工作环境舒适，收入稳定，所有人在这里都能受到尊重。大家都很羡慕我，特别是身边的女性朋友，她们也希望像我一样，通过自己的努力改变生活。"玛莫娜开心地说道。

实际上，中车资阳公司与巴基斯坦的合作不仅有单一的整车出口，还有专业技术的输出。2015年中车资阳公司提供的5台散件机车，在当地实现了本地化组装，不仅让巴基斯坦人民成功掌握了中国机车的组装技术，而且还为当地居民提供了更多的就业机会。中车资阳公司先后招聘了20多位巴基斯坦籍的员工。

在维保项目基地，玛莫娜工作很开心，她尤其喜欢中国同事，每当她无法理解工作如何完成时，中国同事都会热情地指导她、帮助她。她相信，自己会有越来越多的成长机会。

"感谢'一带一路'建设，感谢中车资阳公司提供的产品和服务造福我的家乡和人民，我会不断学习新技能，迎接新挑战，实现我的美好梦想。"

16

"铁哥们"带来的生日惊喜

生日年年有，这次尤特殊。2018年1月13日上午9:00，中车资阳公司驻巴基斯坦维保项目技术经理赵孝俊和往常一样，准时到达机务段，准备安排当天的项目任务。刚走到办公室门口，突然门从里面推开了，传来一声"happy birthday，Ken！"（生日快乐，肯）。巴基斯坦铁路公司机务段副段长、计划主管、电气主管、综合主管等几名员工向赵孝俊走来，簇拥着他，共同唱起了生日祝福歌。在异国他乡，这意外的惊喜让赵孝俊既开心又激动。

图为巴基斯坦用户为赵孝俊（左三）过生日

"铁哥们"带来的生日惊喜

2017年7月,公司与巴基斯坦铁路公司签订63台机车维保项目,项目启动后,赵孝俊作为技术团队负责人,前往巴基斯坦执行项目中修、用户培训等工作。

6307号机车柴油机检修时,外购的高压共轨型柴油机对项目组是个全新的考验,赵孝俊带领技术团队反复核对检修手册,动手制作工装,拆解,组装,连续三天通宵加班研究,最终解决了柴油机漏油的问题。2018年1月,6307号机车如期下线,巴铁总部GM,CME参加仪式,对项目团队的技术实力竖起了大拇指!

为了更好地培训客户,实施本地化服务,赵孝俊组织团队编制了机车工艺技术文件70余份,记录卡40余份,专题培训12期;开展与巴铁员工语言互动学习,鉴于巴铁员工学习中文热情高涨,团队还带去了国内的读本,工作之余教对方学习中文。

他们还建立了Wechat、WhatsApp工作群,通过图片、视频、短信息等方式进行工作反馈、指导,并在线上指导火车司机处理应急故障,确保了机车的正常运行。

在建立WhatsApp工作群注册时,赵孝俊输入了自己的出生年月日,有心的巴方机务段成员悄悄记了下来,并特意在这一天准备了心形蛋糕,送上了真心祝福。

在异国他乡,"铁哥们"带来的这个惊喜,令赵孝俊非常感动。在点燃生日蜡烛后,赵孝俊双目微闭,双手合十,在心中许下愿望:"愿资阳机车成为中巴友谊的使者,继续造福两国人民!"

羽毛球传递
中巴友谊

2021年7月10日，为庆祝中巴建交70周年，由旁遮普大学、旁遮普大学孔子学院和拉合尔华侨华人联合会主办的中巴羽毛球友谊赛在拉合尔拉开帷幕。

旁遮普大学校领导及各院院长、中国驻拉合尔领事馆、中巴经济走廊特使、中资企业代表、华人华侨代表等共100余人应邀出席了此次庆祝活动。

作为中车资阳公司驻巴基斯坦办事处总代表，张小宇以嘉宾身份应邀出席这次盛会，办事处商务经理王小虎则成为羽毛球华人华侨队的一员。

图为中巴建交70周年庆祝活动现场

羽毛球传递
中巴友谊

ACHIEVEMENTS ON THE SILK ROAD

"友谊第一，比赛第二！"在体育馆里，27岁的旁遮普大学学生哈沙姆灵巧挥舞着羽毛球拍，与同场竞技的中国队友配合默契。

来自旁遮普大学的师生以及在巴中企员工、华侨华人等组成的16支队伍同场竞技。这次在母校参加比赛，哈沙姆精神抖擞，球技娴熟，赢得场边观赛队友们阵阵掌声。"这得益于我在中国留学时培养的对羽毛球运动的热爱，我尤其欣赏中国羽毛球奥运冠军林丹的风采。"哈沙姆说。最终，由旁遮普大学师生组成的联队以优异战绩摘得桂冠。

这次活动不仅是一场中巴文化体育的交流，更是友谊和感情的交流。旁遮普大学校长尼阿兹·阿哈玛德·阿克塔在讲话中表示，中巴友谊比山高、比海深、比蜜甜，旁遮普大学作为高等教育机构，有责任有义务将这份历经考验的珍贵友谊传递给下一代年轻人，让中巴传统友谊一代代传承下去。

中国驻拉合尔总领事馆政治处主任杜悦在讲话中说道，自中巴两国于1951年5月21日正式建立外交关系以来，两国70年风雨同舟，砥砺前行，建立了全天候战略合作伙伴关系，这份珍贵的友谊正在一代代传承下去。

其实，球队队员与嘉宾并没有特别在意比赛的输赢，在观看或参与羽毛球赛事的过程中，每一位与会者都进行了愉快的沟通和交流。比赛结束后，旁遮普大学校长尼阿兹·阿哈玛德·阿克塔等校领导分别为嘉宾们颁发"70 YEARS OF PAKISTAN CHINA DIPLOMATIC RELATIONS AND FRIENDSHIP"（巴中建交70年）纪念奖章，共同切蛋糕，庆祝中巴两国建交70周年。

图为旁遮普大学校长尼阿兹·阿哈玛德·阿克塔（中）等校领导为张小宇（左）等嘉宾颁发纪念奖章

图为中巴羽毛球友谊赛结束后庆祝活动现场

丝路花开 18

向中国国旗敬礼的巴基斯坦孩子们

图为巴基斯坦孩子们向机车上悬挂的中国国旗敬礼

向中国国旗敬礼的巴基斯坦孩子们

在巴基斯坦乡镇，尤其边远地区，火车，对于很多可爱的孩子们来说，是一道风景，一个美好的梦。

从2014年1月起，中车资阳公司陆续向巴基斯坦交付机车。每台机车都要在当地多次进行严格的试运行考核。从拉合尔至卡拉奇的试运线会经过很多村落，由于无全线安装护栏，机车会长声鸣笛，提示行人、车辆注意避让。每当听见鸣笛声，村里的孩子们都会拉着手跑出来看火车，并一直等着看火车全程驶过。他们大都没坐过火车，对火车有一种好奇，并盼望乘坐火车。

巴基斯坦是中国人民的"铁哥们"。他们不仅把中国国旗印在硬币上，还在标语、教科书上不断地展示中巴之间无尽的友谊！孩子们尽管身处遥远的山区，但是他们从小就知道中国，就认识中国的国旗。

2014年5月，为庆祝中国与巴基斯坦建交63周年，中车资阳公司在机车上插上了中巴两国国旗。当机车经过村庄时，孩子们看到机车上插着的中国国旗，都站直了敬礼。

看到这一幕，正在车上添乘的中车资阳公司员工非常激动："中巴友谊之树长青！"这是最生动的写照。

19

阿根廷总统的赞誉

图为中车资阳公司出口阿根廷的内燃机车

2017年2月初，祖国大地春寒料峭，中车资阳公司首批2台CDD6A1型样机历时两个月，漂洋过海来到温暖如春的潘帕斯草原大地——阿根廷。2017年2月4日，中车资阳公司国际市场部片区主任张小宇带领交车组，踏上了飞往阿根廷的旅程。

次日，张小宇前往阿根廷执行第二批18台机车的交车工作。这是一段难忘的旅程，历时36个小时，飞机降临，张小宇因时差有些头重脚轻，但依然兴奋，终于紧随资阳机车，抵达自己内心充满憧憬的阿根廷首都——布宜诺斯艾利斯。在他的记忆深处，对阿根廷的印象就是"足球王国"，其他一切朦胧而未知。这里似乎没有祖国大城市的繁华与喧嚣，却独显南美的自然与宁静。

跨越地球近六个时区，从东半球抵达阿根廷的人员，都会经历一周倒时差的痛苦——白天浑浑噩噩、晚上异常清醒而无法入睡。白天到车间交车时，一到上午10点多，眼皮就不自主地往下掉，还浑身无力，但是到了晚上，该睡觉的时间却精神抖擞，躺在床上翻来覆去，无法进入梦乡，只有经历过的人才可体会。

阿根廷人很亲切，他们在路上碰见陌生人都会礼貌地打招呼，张小宇带领交车组去小店买东西时，店主都很热情。当地人言谈举止之间，透着绅士的儒雅风度。虽然他们大多数人都不会英语，但可以用肢体语言来交流。阿根廷人十分悠闲，在路边有座椅或草坪的地方，不管是上午或下午有阳光的时候，会有很多阿根廷年轻人或坐或躺在草坪上休息，身上背着一个暖水壶，手上拿着马黛茶的茶壶，悠然自得地品着阿根廷特有的马黛茶，这是别具一格的浪漫的慢生活节奏。

阿根廷铁路最初由英国人修建，到20世纪80年代，全国拥有5万千米铁路，而且是相互独立的宽轨、标轨以及米轨三种轨距。20世纪80年代末，阿根廷以"特许经营"的方式对铁路运营实施私有化改革。私有化后，企业为了减少铁路运营成本，对维护保养铁路投入较少。

张小宇到达阿根廷之后，马上开始交车。交车试验分为三个阶段：静态试验、电阻制动试验、动态牵引试验，三个试验地点相距约1000千米，试验计划1个月完成。交车组转战罗萨里奥市做机车警惕装置试验时，因为所住旅店没有厨房等设施，饮食只能以面包和瓶装水简单凑合。就是在这样的生活条件下，交车组仅用15个工作日就完成了两台样机的所有现场交车试验，创造了最短时间完成交车试验的纪录。

第二批18台机车于2017年6月18日到港，在3个工作日内，交车组完成了18台机车的顺利卸船。期间，交车组的午餐仍是面包和水。

图为中车资阳公司员工在为阿根廷用户作培训　　图为中车资阳公司维保服务员工与阿根廷用户合影

第二批和第三批机车的批量交付，交车组总结了样机交车经验，结合机车数量多、交车人员少以及米轨线路特点，与业主贝铁项目经理German安排了细致周密的批量机车交车计划。交车组团结一致、不畏艰辛，两个批次的机车，都在30个工作日内完成了交车试验。

为保障机车在长达3000千米的线路环境下使用，张小宇所在的交车团队对米轨沿线10个大机务段进行了为期3个月的巡回培训工作，服务组人员不辞辛劳，乘坐晚上十点的夜班大巴汽车，前往600千米外的站段。大家只能在大巴车上睡个囫囵觉，早上8:00到达后，便马不停蹄地开展工作。

公司机车的顺利交付及运营，给阿根廷业界带来了实实在在的变化。

2018年2月25日，时任阿根廷总统的马克里先生出席阿根廷北部区域经济发展会议后，视察工作时，他登上"资阳造"机车表示："促进北部经济发展，中国新车功不可没。"2018年7月，他在查科省参加贝尔格拉诺线首次完成500千米铁路线翻修庆祝活动时，再次登上了资阳机车，并高兴地表示，到2020年，新车只需要2天即可完成1180千米路程的运行，随着更多铁路的翻修和新车大量投入运行，将会为阿根廷的产品出口创造更有竞争力的机会。2018年10月，时任阿根廷交通部部长的迪特里希也说："我们正在加速前进，改变着阿根廷中北部地区人民的生活质量。我们之所以选择'中国制造'，是因为中国中车是全球最好的轨道车辆制造商之一。"

作为中国中车的一员，能为阿根廷经济发展和增进中阿友谊作出一点贡献，张小宇感到骄傲和自豪。

20

跨越南北半球的
中国情

  从北半球到南半球，从太平洋西海岸到东海岸，跨越13个时区，有一个被称为"世界粮仓和肉库"的国家，它就是阿根廷。

  浮现在你眼前的，一定是马拉多纳、梅西这样的世界级足球明星吧？但此次要说的是一位因结缘资阳机车，而爱上中国的大叔。

  这位大叔名叫路易斯，是一个土生土长的阿根廷人，在贝尔格拉诺铁路（以下简称"贝铁"）公司科尔多瓦机车大修厂担任柴油机钳工。他的家乡在科尔多瓦，是一个风景优美的地方，距离阿根廷著名的贝尔格拉诺铁路仅23千米。

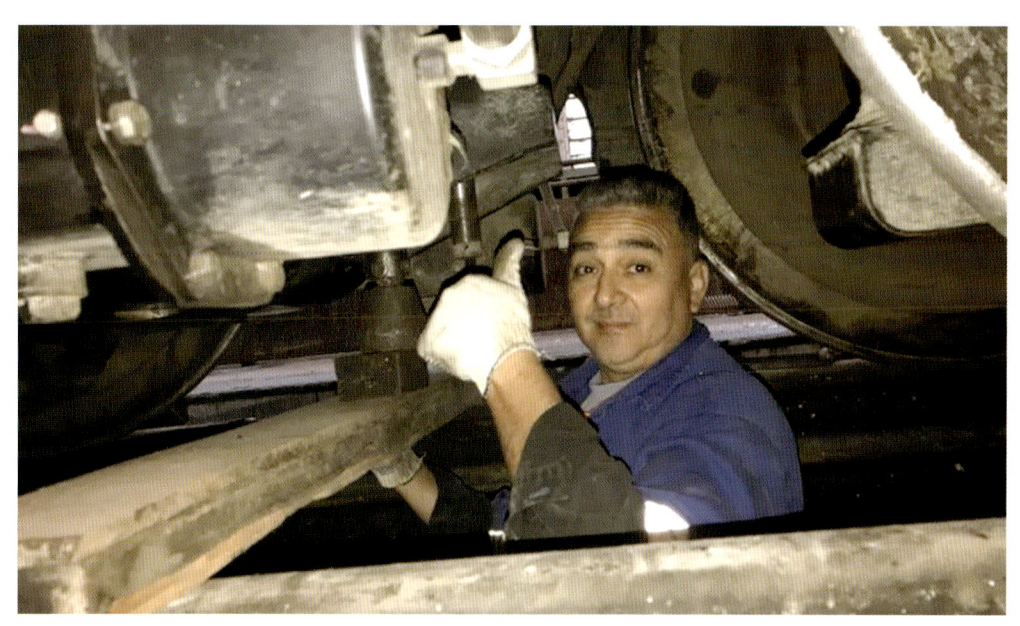

图为路易斯在检修机车

2010年，阿根廷政府决定改造贝尔格拉诺铁路，这是阿根廷近60年来首次开展的铁路大型改造项目。2014年，中车资阳公司获得了"贝铁"改造项目20台米轨机车订单。

路易斯因此与中国结下了一段不解之缘。

2016年，路易斯被派到中车资阳公司参加项目培训。此前，他对中国的了解仅仅停留在新闻中的万里长城。"我从来没想过，能有机会去这样一个美丽的国家！"路易斯感觉自己很幸运。

在满满的期待中，他来到了中车资阳公司。先进的机车制造技术、宽敞明亮的作业现场，现代化的工艺装备，让他感慨万千："我终于看到了中国的现代机车制造企业，我们的机车在这么先进的地方制造出来，我十分地放心！"

2017年上半年，中车资阳公司研制的前20台米轨机车全部到达阿根廷，承担了该国农产品的主要货运任务。路易斯的工作就是对机车进行日常检查，他说："中国机车的状态良好，他们的到来大大提高了我们铁路运输的效率。"

因为机车良好的产品质量和优质的售后服务，2017年下半年，中车资阳公司再次向阿根廷用户交付了同类型的米轨机车20台。

为做好机车的售后服务，中车资阳公司聘请了精通西班牙语的年轻人。在路易斯的眼中，这些来自中国的年轻人，就像自己的孩子一般。

考虑到语言的差异，工作时，路易斯总是很耐心地和年轻的中国员工交流，他会充分运用自己掌握的机车知识，特意放慢说话速度与大家沟通；下班了，他也不着急回家，和蔼又风趣地和这群年轻人聊天，学习中文；业余时间，路易斯还和中国员工一起游戏、踢球，享受着来自异国的友谊。对中国员工来说，路易斯不仅是一位可敬的专业技师，而且是一位可亲的外国叔叔。

在与中车人的不断相处中，路易斯对中国文化越发好奇。于是，他找来了很多中国电影，例如《十面埋伏》《英雄》等。他还知道了中国提出的"一带一路"倡议，正在让更多国家和人民享受到中国提供的产品和服务。他总是向家人这样介绍中国："中国有先进的机车技术，中车员工服务很棒，我们应该向中国人学习！"

"我深深地被中国吸引，我想更深入地了解中国深厚的文化底蕴，了解中国的机车技术，好想再去一次中国！"路易斯期盼着。

21

沙漠"绿舟"歌飞扬

图为内燃动车组在非洲运行

"我们很喜爱中国的动车组,我回家的时间不仅缩短了,而且坐在这样宽敞、凉爽的车厢内,感觉太棒了!"这位非洲大姐开心地竖起大拇指,她的同伴敲响了非洲鼓,欢快的歌声飘出了车窗。

这列动车组是中车资阳公司专门针对非洲酷热干旱、强风沙的严酷环境打造的内燃动车组,它在200多千米的区间内往返穿行。当地人民多年依靠汽车外出的交通方式因为动车组的开行得到了改变,感受到了便捷和舒适。绿色的动车组奔驰在酷热的荒漠中,宛如移动的绿舟,很快赢得当地民众的喜爱。

中车资阳公司的内燃动车组，蕴藏着用户对公司的深深信任之情。

早在2005年，中车资阳公司就向这片非洲大地出口了SDD1型2200马力货运内燃机车，机车良好的耐高温、防风沙特点被非洲客户誉为精品机车。

在这样的基础上，2011年，用户向中车资阳公司提出了新需求："你们能不能给我们研制一批用于客运的内燃动车组？"中车资阳公司虽然多年来在货运机车研制领域积累了深厚的技术底蕴，但在客运动车组板块还没有尝试。用户的需求无疑给公司提供了新机遇，而且"客户至上"历来是中车资阳公司的价值理念。因此，2011年，中车资阳公司开始了内燃动车组的研制，虽然研制的道路上挑战重重，但是，勇于变革、追求卓越的中车资阳公司最终成功开辟了这一新领域，2013年，2列2动4拖HD100系列内燃动车组飞驰于非洲的广袤大地上，2014年又有6列1动3拖内燃动车组顺利开通运行。这两批动车组总体上满足了用户需求，也得到了用户的认可。但是，由于动车组的动车和拖车来自两家不同的公司，在售后服务和配件供应的组织、协调方面存在不便，动车和拖车的匹配性方面还需要进一步设计优化，这些问题在一定程度上也影响了动车组的运用效率。

图为非洲儿童乘坐在舒适的内燃动车组车厢内

沙漠"绿舟"
歌飞扬

ACHIEVEMENTS ON THE SILK ROAD

图为非洲人民与中车资阳公司员工

　　为了在后续采购中解决上述问题，用户极力建议中车资阳公司研制动车组的拖车车厢。他们说："你们能研制出高品质机车和动车，也一定有能力研制出动车的客车车厢，我们对此充满信心。希望中车资阳公司将来提供的是全部具有自主知识产权的内燃动车组。"同时，为支持中车资阳公司研制客车车厢，用户于2015年9月下单采购2列2动6拖内燃动车组，并于2016年1月追加采购4列2动10拖内燃动车组和2列2动6拖内燃动车组。按照用户的要求，中车资阳公司开始设计、制造属于自己的客车车厢。功夫不负有心人，经过1年多时间的刻苦攻关，一节节美观大方的客车车厢诞生了。2017年8月17日，中车资阳公司首列具有全部自主知识产权的内燃动车组整车出口剪彩仪式在资阳举行。用户对中车资阳公司竖起了大拇指！

　　2018年1月2日，这批动车组投入运营，有效地缓解了客运压力，得到了用户及广大民众的广泛认可及高度评价，一列列动车组成为这里移动的风景线。

　　在短短的旅途中，能歌善舞的非洲人民怎么能错过好时光呢！他们用欢快的歌声表达出对中国内燃动车组的喜爱和对美好新生活的期待！

22

"绿色长龙"
穿越非洲

图为运行在非洲沙漠的"资阳造"内燃动车组

这里是距离中国万里之遥的神秘国度,有源远流长的青、白尼罗河数千年的滋养,也有生命禁区的撒哈拉沙漠横亘在旁,孕育出神奇瑰丽的自然风光。

近年来,一条"绿色长龙"——内燃动车组在崇山沙海中穿梭,在尼罗河畔飞驰,为当地人们带去更加便捷经济的交通出行方式。

内燃动车组,由中车资阳公司提供。

由于铁路客货运能力不能满足需求,当地铁路公司向中车资阳公司定制了一款现代化的内燃动车组。

"绿色长龙"穿越非洲

ACHIEVEMENTS ON THE SILK ROAD

2018年1月，中车资阳公司向当地交付了新一代内燃动车组。新动车组采用两动六拖编组方式，每列动车组可容纳432名乘客，时速可达120千米/小时，被民众称为新一代"尼罗河火车"。事实证明，"尼罗河火车"在当地很受欢迎，它的票价比公共巴士低1/3，"火车比公共汽车更便宜，更舒适，更安全。"商人塔伊布说。仅在2018年，两列内燃动车组就完成了38万人次的年客运量，承担了该国45%的干线客运量。新一代内燃动车组深受当地用户青睐，标志着中国动车组产品在非洲大陆开创了历史先河。

中车资阳公司提供的内燃动车组不仅提升了当地民众的生活质量，也帮助了当地技术人员的进步。马哈茂德·阿里夫（Mahmoud Arif）是伴随该项目成长起来的突出代表。他从动车组的厂内制造到现场验收，以至后续运营维护都全程参与，成为最熟悉内燃动车组的工程师。在动车组成功上线后，他兴奋地说："我们可以跑得更快了！动车组能很好地适应我们高温、风沙及线路条件较差的运用环境，旅客们乘坐感觉良好，并且都很喜欢动车组的颜色。我的家人和朋友为我能参与这个项目而自豪！谢谢教会我机车技术的中国兄弟们，我们的友谊长存！"

图为"资阳造"内燃动车组上线，非洲人民载歌载舞

驰骋在
"一带一路"上的资阳机车

友谊见证

　　"一带一路"建设植根于丝绸之路的历史土壤,重点面向亚欧非大陆,同时向所有朋友开放。不论来自亚洲、欧洲,还是非洲、美洲,都是"一带一路"建设国际合作的伙伴。"一带一路"建设将由大家共同商量,"一带一路"建设成果将由大家共同分享。

　　——习近平在"一带一路"国际合作高峰论坛开幕式上的演讲

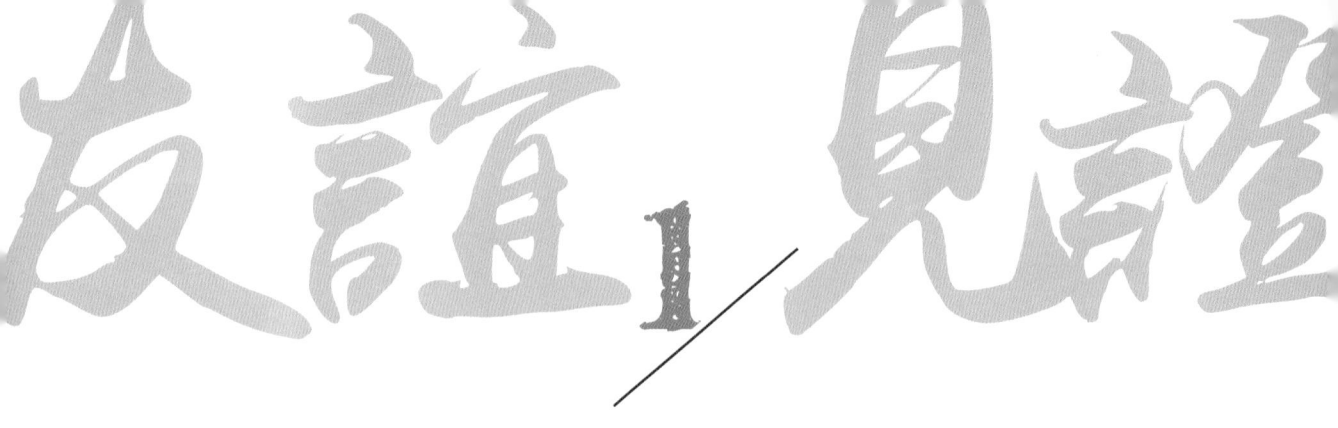

"老朋友"眼中的"新资机"

有一种友谊历久弥坚，这就是中巴友谊！

2022年8月29日至30日，巴基斯坦铁路总公司副总裁萨尔曼率队的高级代表团到访中车资阳公司，感受株资重组后中车资阳公司的新变化，续写中巴友谊新篇章。

萨尔曼先生是中车资阳公司的"老朋友"，他见证了资阳机车在巴基斯坦多年来的优异表现。

从2014年至2022年的8年时间，中车资阳公司陆续为巴基斯坦铁路总公司提供的63台内燃机车，承担了巴基斯坦重要的运输任务，不仅为当地居民创造了更多就业机会，而且大大改变了当地铁路机车的运营困局：铁路运营总收入以平均每年30.5%的速度增长，客货运准时率从42%提升到77%。

这是中车资阳公司积极推动"一带一路"倡议走深走实、造福巴基斯坦人民的典范项目。

2022年8月，双方合作再次迈向新的里程碑——在巴基斯坦拉合尔共同举行63台机车维保项目开工剪彩仪式。"当月就严格按要求完成机车检修任务！"中车资阳公司高效率和高质量的维保服务受到巴方的充分肯定。

从提供机车，到输出技术，再到维保服务，8年来，中车资阳公司与巴基斯坦铁路总公司合作持续拓展，不断深入。

这也是此次萨尔曼先生专程率队访问资阳公司的重要基础。

中车资阳公司董事长陈志新热情接待了萨尔曼先生一行。

陈志新表示，萨尔曼先生率队到访资阳，是推动中巴友谊的生动写照。希望萨尔曼先生一行深入了解中车资阳公司的新变化，中车资阳公司也将全力以赴，继续为用

"老朋友"眼中的"新资机" WITNESS OF FRIENDSHIP

图为中车资阳公司董事长陈志新向萨尔曼赠送车模

图为维保服务启动现场

户提供满意的机车产品和服务，不断深化交流合作，推动互利共赢发展，为中巴友谊注入新的动力。

萨尔曼表示，中车资阳公司是中国重要的出口内燃机车基地，已向全球多个国家提供了机车产品和服务。在巴基斯坦投入运营的资阳机车，运行状况佳，油耗更经济；目前正在执行的机车维保项目，也进展顺利。中车资阳公司的所有团队都非常专业。期待双方未来新的合作！

随后，在公司副总经理周莉的陪同下，萨尔曼一行参观了中车资阳公司的发动机生产线、曲轴生产线、机车总组装生产线、钢结构生产线以及电力机车生产线等。

萨尔曼一行对中车资阳公司的技术创新能力和制造实力表示赞叹，并对中车资阳公司成功研制的新产品给予了高度评价。

图为萨尔曼现场参观中车资阳公司

"我们在现场看到了品质很赞的机车,中车资阳公司不仅引进了新技术、新工艺,而且制造水平有很大改进。"萨尔曼参观后说道,"我们尤其对HXN6型混合动力机车印象深刻,这是具有世界领先技术的绿色环保机车,代表了中国新能源机车技术的世界水平。"

双方还深入开展了技术及商务交流。

资阳一行,巴方代表团不仅收获满满,而且深受感动。

访问期间,正值代表团成员、项目总监纳什尔的生日。中车资阳公司精心为他准备了生日蛋糕。纳什尔惊喜万分:"太激动了,我第一次在中国、在资阳度过了一个难忘的生日!"

图为中车资阳公司为巴方员工庆祝生日

2

"希望混合动力机车快速走进巴基斯坦"

中巴两国的"铁杆"情谊,在资阳这片热土,得到了新的升华——

2022年10月19日至20日,巴基斯坦铁路总公司机车总工程师卡西姆、铁道部计划司司长约瑟夫到访中车资阳公司。

中车资阳公司董事长陈志新、总经理杨文胜、副总经理周莉等热情接待。

此次卡西姆和约瑟夫的到访,是继2022年8月底巴基斯坦铁路总公司总裁萨尔曼

图为卡西姆和约瑟夫参观中车资阳公司

一行访问中车资阳公司后的延续。

当时，萨尔曼一行对中车资阳公司自主研制的具有世界领先技术水平的HXN6型混合动力机车印象非常深刻。

此次，卡西姆和约瑟夫重点就中车资阳公司混合动力技术、可靠性和全寿命周期成本进行了深入细致的交流，以评估在巴基斯坦运用的可行性。

经过两天的研讨，卡西姆认为，中车资阳公司的混合动力机车是中国新能源机车领域的先进代表，节能减排效果显著，运维成本低，具有良好的推广性。"希望中车资阳公司的混合动力机车能快速走进巴基斯坦。"

卡西姆、约瑟夫还参观了中车资阳公司内燃机车、电力机车等生产线。他们对中车资阳公司强大的机车研发实力和高水平的工艺装备能力，给予了充分肯定。

"8年以前，我曾作为监造师来到中车资阳公司，今天我以机车总工程师的身份重返这里，中车资阳公司的变化让我感到惊喜！"卡西姆表示，"这次我们从更多细节了解了中车资阳公司，不管是设计团队建设，还是生产现场管理，以及产品质量保障跟踪，中车资阳公司都做得非常出色。"

图为卡西姆和约瑟夫参观中车资阳公司

3

精彩的 CRRC 海外春晚

2019年1月23日，在巴基斯坦拉合尔，中车资阳公司举办的春晚正精彩上演，一大群巴基斯坦当地人与中国中车（CRRC）员工一起，过足了"中国"瘾。

大红灯笼挂起来，彩色气球飘起来，晚会现场装扮得喜庆而热烈。这是中车资阳公司主办的"勠力同心、共创辉煌"新春年会现场。

图为中车资阳公司主办的"勠力同心、共创辉煌"新春年会现场

精彩的
CRRC 海外春晚

WITNESS OF FRIENDSHIP

图为表演舞龙舞狮的巴基斯坦小伙

图为孔子学院师生表演太极拳

为庆祝海外维保业务取得重大突破，中车资阳公司在项目执行一周年之际、中国春节来临之前，特别举办了一场中巴员工共同参与的新春年会活动。

2014年3月到2015年5月，中车资阳公司为巴基斯坦铁道部研制的63台机车先后投入运用，改变了巴基斯坦铁路运营长年亏损的现状，客运准点率从42%提升到77%，CRRC受到当地民众盛赞。

2017年，双方合作进一步升级，签订了三年期的维保服务合同，一年来的努力得到了巴方的高度认可。中车资阳公司维保团队在晚会上的年度盘点，赢得了巴基斯坦当地员工的热烈掌声。

图为年会现场中车资阳公司与巴方用户合影

巴铁总工程师甘达普尔先生在讲话中高兴地说道:"中国,我们热爱的国家;中巴一家亲,是的,我们是一家人!"

除了回顾过去一年的工作,年会还表彰了巴方员工。巴铁总工程师亲自给巴基斯坦"网红"女孩玛莫娜颁发年度突出贡献奖。玛莫娜曾经因为中国机车改变命运,上过CCTV-2的栏目。获奖后的她开心地说道:"我太幸运了,真的太感谢中国机车了!"

不时穿插丰富多彩的中国文艺节目,将年会推向了高潮。一曲《月亮代表我的心》,唱出了中巴真挚的友谊。孔子学院学生将中国武术表演得铿锵有力,巴方展示的太极拳、太极剑,搭配中方的书法表演,别有一番文化交融的滋味。

"这是我们之前从未看过的、非常棒的中国年会活动。"这次中车资阳公司举办的新春年会给巴基斯坦当地员工留下了深刻印象。

4

"巴铁"竖起了大拇指

从2014年起，中车资阳公司累计向巴基斯坦提供了63台内燃机车。为保障机车的运行状态，双方根据中国内燃机车的检修规程，签订机车的维保合同，于2022年8月1日启动。

2020年至2022年，新冠疫情在全球蔓延。受疫情等各方面因素影响，63台机车维保项目配件生产制造交货期、采购配件交货期及发运船期不可控，但中车资阳公司利用一切资源尽最大努力，在第三年项目启动前保证了99%的配件全部运抵巴基斯坦，项目因此顺利启动。

图为中车资阳公司出口巴基斯坦的机车

按照巴基斯坦铁路总公司与中车资阳公司的约定，第三年需完成每月3台机车的维保检修任务，这在中车资阳公司国际维保业务中是史无前例的。在项目启动初期，项目团队面临了新冠疫情、疟疾及恐怖袭击等各种困难。

该维保项目属于"一带一路"倡议下属项目，巴基斯坦政府成立了专门的安保部门，为驻巴中方员工在居住、出行及工作过程等方面提供全方位的安全保障，让项目组成员能安全、安心驻巴开展工作。维保项目于2022年8月1日启动后，随着第一台机车顺利完成自负荷试验出厂并交付机务段使用，在接下来的30天内，中车资阳公司项目组按照生产进度要求，相继完成剩余2台机车的交付使用。在第一个月完成三台机车的检修任务后，巴铁大修厂厂长伊德瑞斯先生及所有员工欢呼庆祝，并以巴基斯坦穆斯林最传统的庆祝方式分享甜品，一次次地对中车资阳公司项目团队竖起"大拇指"，表达对中车资阳公司项目团队的肯定。

在项目执行到一半时，受疫情影响，巴方无法及时采购配件，配件不足意味着维保项目将很难推进。双方为此都犯了愁，不知该如何是好。15台机车柴油机缺少后冷却器和110kW逆变器模块，没有这两项配件机车根本无法完成维保工作并交付使用。

图为巴方用户向中车资阳公司员工"送糕点"表感谢

"巴铁"竖起了大拇指　　　　WITNESS OF FRIENDSHIP

图为巴方对中车资阳公司维保团队的专业技术能力给予充分肯定

在项目执行陷入僵局时，中车资阳公司项目团队充分发挥技术优势，对旧件进行修复再使用，为客户节约了50多万美元的配件采购成本，"巴铁"再一次为这支团队竖起了大拇指。

第三年维保项目启动后，63台机车的可利用率均达到90%以上，为巴基斯坦遭受特大洪涝灾害后的铁路运输复苏作出了重要贡献。为此，巴基斯坦铁路总公司机车车辆副总工佐勒法克尔先生和巴基斯坦铁路总公司各大机务段及大修厂总监拉哈尔·米尔扎先生亲自抵达维保项目现场，对中车资阳公司团队的专业技术能力予以充分肯定。米尔扎先生表示："希望你们在保质保量完成维保任务的同时，也要帮助我们员工提高自身技能水平，从而提升我们铁路装备维保技术能力。"巴铁客户的期望，就是中车资阳公司驻巴维保团队努力的方向。在项目履约过程中，中车资阳公司项目团队全方位响应巴铁的技术短板诉求，并将中国机车的维保项目实施及过程质量管控的标准和方法传教给客户。为用户机车的良好运维保驾护航、帮助用户成长，是中车资阳公司一直以来的责任与担当。

5 资阳"火车头"担当"长安号"首列回程专列重任

图为资阳机车担当"长安号"回程专列重任

醒目的横幅，俊美的身姿，资阳机车肩负着"长安号"国际货运回程专列之行的神圣使命。2016年3月20日17点15分，中车"资阳造"CKD9C型机车，从哈萨克斯坦多斯特克车站，缓缓驶入新疆阿拉山口口岸，满载而归，让更多中国百姓享受到了来自哈萨克斯坦的无污染、非转基因油脂等物品，它标志着"一带一路"倡议提出以来，中国内陆地区与中亚地区铁路贸易真正实现了"有来有往"。

"长安号"国际货运班列为陕西省首趟国际货运班列，总体规划为"一干两支"，其中"一干"为西安—鹿特丹干线；"两支"是西安—莫斯科支线和西安—哈萨克斯坦支线。这条班列自2013年开通以来，就成为丝绸之路经济带上的一条"黄金通道"，但在过去的所有班列中，都没有回程，贸易为单向出口。此次"长安号"首趟回程班列之行，开启了"长安号"线路双向贸易的开端。

一封来自加蓬的感谢信

2022年12月,中车资阳公司收到了来自加蓬业主OMP公司的感谢信。信中,对方高度赞赏公司高质量的服务和合作,充分肯定了公司维保团队成员的技术能力和敬业精神,感谢公司为机车安全运营提供的强有力支撑与保障,并对未来双方进一步合作表示强烈期待。

感谢信的背后,是中车资阳公司驻加蓬团队高度责任感和使命感的体现,是他们进行有效管理并无私无畏付出的结果!

翻译成中文如下:

尊敬的中车资阳公司:

自2020年新冠肺炎疫情发生以来,你们的加蓬维保团队克服了现场人力管理、备件储备等困难,甚至有工程师在这里工作超出一年时间。

在此,我代表OMP公司向刘兴瑞和查道林先生领导的团队表示衷心的感谢。一切付出都是有价值的,机车的可利用率从2020年87%增加到2021年91%,再到2022年94%。

我相信在中车资阳公司的支持下,"资阳造"机车将在加蓬拥有良好表现,中车资阳公司和OMP的合作将得到进一步发展。

OMP矿物港铁路维保部

作为我国唯一为加蓬提供机车的企业,中车资阳公司从2010年至今,已累计向加蓬出口了22台机车。这些机车已成为当地锰矿运输的主要牵引动力。

服务组克服各种困难,不惧危险,以600天的坚持、8个月的奋战,保证了资阳机车在加蓬的高效运用,得到了用户的高度认可。

一封来自加蓬的
感谢信

WITNESS OF FRIENDSHIP

图为在加蓬运行的资阳机车

图为中车资阳公司维保服务人员与加蓬员工在一起

  中车资阳公司驻加蓬维保项目团队采取三班倒的方式，提供全天候维保服务，随时应对机车日常检查及故障处理，合理设置机车修程、修制，因地制宜实施计划修，采用始发站和终点站对向检查的方式，及时发现问题、处理问题，大大提高了机车的可利用率。

  近年来，资阳机车在加蓬的可利用率持续攀升，机车年平均可利用率已由2021年的91%上升至2022年的94%，均高于用户需求的90%利用率。

  近三年来，资阳机车在加蓬的可利用率持续攀升，年平均可利用率已由2020年的87%上升至2021年的91%。2022年，机车平均可利用率为94%。

CRRC 资阳助力
加蓬锰矿运输提效 8%

在遥远的非洲，600天的坚持，8个月的奋战，是一种什么样的体会？中车资阳公司驻加蓬共和国服务组告诉你答案。

图为在加蓬"多拉、快跑、可靠"的资阳机车

CRRC 资阳助力
加蓬锰矿运输提效 8%

图为中车资阳公司出口加蓬的DF8B型内燃机车

  2021年以来，国际钢材价格的逐渐上涨，带动了锰矿需求剧增。加蓬作为非洲锰矿输出大国，遇到了难得的"蜜月期"。摆在加蓬矿业企业面前的是，如何提高运输产能，将矿场的锰矿安全高效地运输至码头实现销售？这就需要"多拉、快跑、可靠"的机车。

  中车资阳公司是我国唯一为加蓬提供机车的企业，先后为加蓬用户提供了16台不同类型的内燃机车。为了切实保驾加蓬难得的"锰矿蜜月期"，中车资阳公司驻加蓬服务组严格执行24小时值班服务，有效合理规划年检计划，压缩7天的年检时间，及时发现各类故障隐患，有力保障了客户的牵引需求。

  服务组克服各种困难，不惧危险，截至2021年8月，以600天的坚持、8个月的奋战，保证了资阳机车在加蓬的高效运用，得到了用户的高度认可。

  "600"是什么？600是范兵民、王涛、张绍虹、凌虹等同志在加蓬奋战的天数，是600个日日夜夜的坚持，是他们完成了600个车次的检修任务，是600次汗水打湿衣服的背影，是600次他们与家人的视频连线，是600次家人对他们回国的期盼。

  "8个月"是什么？是疫情第二波严重暴发的8个月，杨曾虹、张庆等同志带领团队抗疫的8个月，是为了保证用户牵引需求的8个月。

  截至2021年7月底，加蓬用户共完成牵引任务121趟，累计实现130万吨锰矿运输，较同等条件下运输指标提升8%。

8 首批"资阳造"米轨机车登陆阿根廷

2017年2月8日,阿根廷布宜诺斯艾利斯港异常热闹。我国首批出口阿根廷的2台米轨内燃机车抵港庆典仪式在这里隆重举行。阿根廷时任交通部部长吉叶尔莫·迪特里希表示,这是阿根廷近四十年来首次采购的米轨机车。

2017年2月7日,这两台由中车资阳公司研制的米轨机车顺利抵港。阿根廷政府高度重视,在当地时间2月8日14点举行的庆典仪式上,阿根廷时任交通部部长吉叶尔

图为首批"资阳造"米轨机车登陆阿根廷布宜诺斯艾利斯港

首批"资阳造"米轨机车
登陆阿根廷

WITNESS OF FRIENDSHIP

图为阿根廷用户到布宜诺斯艾利斯港验收机车

图为阿根廷用户在验收机车

图为阿根廷用户在机车前合影留念

莫·迪特里希、贝尔格拉诺货运铁路公司董事长伊齐基尔·雷莫斯等人现场观摩了机车卸船过程，上车查看了机车状况，并与中国机械设备工程股份有限公司和中车资阳公司相关人员进行了交流。

作为我国出口内燃机车类型最多、覆盖国家最广、出口数量领先的中车资阳公司，于2016年8月31日成功下线了我国首台出口阿根廷的米轨内燃机车。

此次到达阿根廷的2台米轨机车主要用于贝尔格拉诺货运铁路改造项目。贝尔格拉诺货运铁路改造项目是中阿两国政府合作框架下最重要的项目，也是阿根廷近60年以来首次开展的铁路大型改造项目。中国米轨机车的到来，为阿根廷带来了更具竞争力的物流优势，提升了产品对外出口能力，给区域经济发展带来了新机遇。

据悉，该批2台米轨机车属于中车资阳公司供阿根廷市场20台机车中的一部分。截至2017年1月，公司全部完成了后续18台米轨机车的组装及厂内调试，业主验收后陆续发往了阿根廷，这20台机车在阿根廷跨度3000多千米的区域内运行，承担着该国的主要货运运输任务。

十国留学生与资阳机车的亲密接触

2015年秋,来自10个国家的30多名"老外"兴致勃勃地走进在国际内燃机车市场上赫赫有名的中车资阳公司,一探究竟。

这群来自白俄罗斯、越南、委内瑞拉、泰国、伊拉克、埃塞俄比亚、肯尼亚、尼泊尔、尼日利亚、巴基斯坦等国的学生,是西南交通大学远程与继续教育学院"城市与轨道"专业的留学生。

图为留学生参观生产现场

十国留学生与资阳机车的
亲密接触

WITNESS OF FRIENDSHIP

图为留学生对"资阳造"机车竖起了大拇指

当日上午，留学生们坐在会议室里认真观看了中国中车和中车资阳公司的宣传片，对"神秘"的机车组装过程兴趣盎然。

下午，大家走进中车资阳公司生产现场，参观了内燃机车和电力机车组装生产线。

"以前只坐过火车，或只看到过机车在铁路上奔跑，但真正看到机车组装还是第一次。"留学生们难掩兴奋之情，对机车组装过程不时提出自己感兴趣的问题。当看到中车资阳公司内燃机车组装线上，有米轨、宽轨、标轨、超宽轨等不同轨距的机车在有条不紊地组装着，当听到超半数的中国出口内燃机车都从这里走向全球20余个国家时，留学生们由衷地赞叹起来。

留学生中，中文说得很好的越南人黎怀放高兴地说道："越南铁路线上1/4的机车都是中车资阳公司制造的，它们牵引功率大、载重货物多，承担了越南铁路运输50%的货运任务。今天参观后，感到中车资阳公司的实力真是名不虚传！"

参观过程中，留学生们纷纷对生产线上的机车竖起大拇指，高声喊道："OK，资阳机车！"

媒眼视界

共建"一带一路"坚持共商共建共享,跨越不同文明、文化、社会制度、发展阶段差异,开辟了各国交往的新路径,搭建起国际合作的新框架,汇集着人类共同发展的最大公约数。

——习近平在第三届"一带一路"国际合作高峰论坛开幕式上的主旨演讲

"资阳造"！我国首批出口中非地区交流传动内燃机车项目签约

2023年2月17日，记者从中国中车旗下的中车资阳机车有限公司（以下简称中车资阳公司）获悉，该公司通过"云签约"方式，与刚果民主共和国［以下简称刚果（金）］业主签署了6台窄轨交流传动内燃机车设计制造及10年维保服务合同。这是我国交流传动内燃机车首次出口中非地区。

本批机车是我国窄轨交流传动内燃机车出口领域，首批实现从零部件到整车全国产化且具有完全自主知识产权的产品。机车"心脏"采用了中车资阳公司自主研制的240系列中速柴油机，成功替代了出口窄轨内燃机车一直依赖的进口柴油机，解决了这一领域长期存在的"卡脖子"难题。"资阳造"240系列中速柴油机先进成熟、质量可靠，已有3400余台在轨道交通、发电、船舶等领域广泛运用。

本批机车是中车资阳公司结合当地铁路运行环境特点，为刚果（金）等非洲用户量身订制的一款干线货运内燃机车。机车采用世界先进的交流传动技术，具有黏着性能好、牵引力大、运用效率高等多项优点。同时，机车实现了整车重量轻量化技术突破，成功解决了轴重轻且配置中速柴油机的难题。机车设计开发还采用了简统化、平台化设计理念，不仅提高了机车运用可靠性、可维护性，更为司乘人员提供了舒适的驾乘环境。

据悉，作为我国内燃机车出口的领军企业，中车资阳公司已向全球33个国家和地区出口各型机车1100余台，占中国出口内燃机车的50%以上。其中，向非洲15个国家交付了各型客货运干线及调车内燃机车200余台、内燃动车组10余列，产品覆盖了高温、高湿、高海拔、高风沙等环境恶劣地区，为助力当地铁路运输、推动经济发展作出了重要贡献。

（2023年2月17日载于中国网）

中车资阳公司与土库曼斯坦用户签订机车备件合同

2023年1月4日，中国中车旗下的中车资阳机车有限公司（以下简称中车资阳公司）与土库曼斯坦铁路用户通过线上方式签署了3000余万美元的机车备件合同。

据了解，此次机车备件合同的签订是双方深入合作的新里程碑，标志着双方从整车批量供应进入了机车备件大范围供应的战略合作新阶段。

中车资阳公司作为我国内燃机车出口领军企业，2004—2016年，已累计向土库曼斯坦提供了大功率内燃客运机车、大功率内燃货运机车、内燃调车机车251台（节），是该国轨道交通装备最大的供应商。

2022年，土库曼斯坦客户与中车资阳公司签订了15台30节双机重联干线货运内燃机车合同，这也是近十年来我国与土库曼斯坦签订的最大一笔内燃机车订单。该笔订单交付后，中车资阳公司向土库曼斯坦提供的机车数量将达到281台（节）。

（2023年1月4日载于新华社客户端）

"6台机车+10年维保"！我国2022年出口加蓬首笔机车订单签约

2022年4月，中国中车旗下的中车资阳机车有限公司（以下简称中车资阳公司）与加蓬共和国用户签订"6台机车+10年维保"订单。这是我国今年出口加蓬的首笔机车订单。

本次签单，是中车资阳公司第4次向加蓬出口机车，也是公司在加蓬成功落地"产品+服务"项目，积极"走出去""走进去""走上去"的生动实践。

加蓬地处非洲中部地区，横跨赤道线，是非洲锰矿输出大国。此前，中车资阳公司已分三批为加蓬用户提供了16台不同类型的内燃机车。"多拉、快跑、可靠"的资阳机车，为当地锰矿运输提供了主要牵引动力。

此次签约的6台机车，是前三批次产品的优化升级版，可以更好地满足当地货运万吨牵引的运输要求。

不仅出口可靠的机车产品，中车资阳公司还向加蓬提供了高品质的售后服务。

近两年来，中车资阳公司驻加蓬维保服务团队克服疫情困难，毅然扎根坚守现场，竭力为用户提供优质的维保检修服务。

"严格执行24小时值班服务，打破单月年检纪录，1个月完成原来5个月的维保任务。"2021年，中车资阳公司维保服务团队及时发现并处理各类故障隐患，有力确保了机车91%以上的高可利用率，赢得用户高度肯定，这也为本次签单奠定了坚实基础。

截至2022年4月，中车资阳公司已向亚洲、非洲、美洲、大洋洲、欧洲的33个国家和地区，提供了1000余台机车，占中国出口内燃机车总量的50%以上。同时，公司也是中国出口内燃机车到非洲覆盖国家最广、数量最多的企业。

（2022年4月28日载于人民网）

"资阳造"！
我国机车第四次出口加蓬

截至2022年9月27日，中国中车旗下的中车资阳机车有限公司（以下简称中车资阳公司）2022年为加蓬提供的6台机车圆满完成发运。这是我国机车第四次出口加蓬。

作为我国唯一为加蓬提供机车的企业，中车资阳公司从2010年至今，已累计向加蓬出口了22台机车。这些机车成为当地锰矿运输的主要牵引动力。

本次出口加蓬的6台机车为DF8B型内燃机车。该型机车牵引功率大，三机重联可在8.3‰的坡道上持续牵引11 000吨，能完全满足繁忙干线货运重载高速的要求。

作为我国出口内燃机车的领军企业，中车资阳公司已向全球33个国家和地区出口各型机车1000余台，超过中国出口内燃机车总量的50%。

（2022年9月27日载于中国网）

创当地窄轨运输载重纪录，资阳机车在阿根廷备受关注

2020年7月，"资阳造"机车在阿根廷再创佳绩——采用"双机重联"，单趟牵引100辆货车，载重4000吨谷物，在贝尔格拉诺铁路（以下简称"贝铁"）重载测试中，单次运量增加50%，运输效率提升了5倍，创造了该国窄轨铁路运输单趟最大载重纪录。

阿根廷贝尔格拉诺铁路是窄轨铁路，历史上因缺少大功率牵引机车，物资运输成为阿根廷中北部农产品走向世界市场的重要制约因素。2017年资阳机车到达阿根廷，3次刷新"贝铁"自1992年以来的27年运量纪录，大幅提升了中北部地区农产品进入国际市场的机会。

2019年第四季度，阿根廷对老旧铁路进行翻修后，"贝铁"公司3次测试了"资阳造"机车双机重联牵引100辆货车的载重能力，资阳机车表现出了优异性能。2020年6月29日，据当地《号角时报》报道，"贝铁"于2020年6月28日开始对资阳机车进行第4次测试。双机重联的资阳机车牵引100辆载有近4000吨谷物的货运专列，在3天之内穿过谷物分支的1180千米路线，共穿越萨尔塔省、查科省、圣地亚哥德尔埃斯特罗省和圣达菲省等4个省，列车运行时间由2018年的8天缩短为目前的3天。资阳机车双机重联牵引农产品货运专列于2020年9月开始正式运行，将为阿根廷中北部农作物快速进入国际市场、提振本国经济作出贡献。

（2020年7月11日载于《人民日报》客户端）

6

挺进中亚十年，"资阳造"机车担纲丝路货运先锋

"这就是四川生产的机车头。"行车经过铁路沿线时，哈萨克斯坦AKTAN公司的司机热情地提醒记者。不远的铁道上，一辆蓝色的机车头正拉着一长串货车擦身而过。

在哈萨克斯坦阿拉木图州，16组"资阳造"内燃机车飞驰在繁忙的货运干线上，从阿拉山口进入哈萨克斯坦的中国货车都换上了中车资阳公司的机车牵引。

2005年，由中车资阳公司自主研制的第一批机车进入土库曼斯坦。

截至2016年，中车资阳公司有251台机车飞驰在土库曼斯坦繁忙的货运干线上，为土库曼斯坦最大的机车供应商。

踏上丝路

海外第一步，近距离"金"距离

中车资阳公司有着光辉的历史，1992年首批2台机车出口泰国，成为中国第一家向海外商品化出口内燃机车的公司。1993、1994年，泰国又追加了6台机车。但随后近十年，一笔国际订单都没出现。中车资阳公司首席营销专家李虎灵总结为："因为当时公司的重点并没有放在国际市场上。"

海外第一步，中车走得很谨慎。2001年启动海外业务，中车资阳公司开始盯上的都是中国的近邻，哈萨克斯坦、土库曼斯坦、越南、泰国都在名单上。

"越近的国家越好。距离中国太远的国家，我们对当地法律、市场都是两眼一抹黑，比如南美洲，配件进去还要加30%的关税，坐飞机20多个小时才能到。实力不强的话根本够不着。"李虎灵说道。

近距离不仅体现在路程上，还因为中亚和中国铁路的一衣带水的渊源。

对手强劲，精益求精成功逆袭

截至2015年，土库曼斯坦有300多台机车，还在铁路上运行的几乎都是"资阳造"的机车。"要么不买，要么就买资阳机车。"李虎灵自豪地说道。

进入土库曼斯坦市场的第一笔订单十分艰辛，中车资阳公司面临着强劲的对手。订单拍板前，土库曼斯坦的客户到资阳考察，技术水平、服务能力、参观接待……每一个细节都近乎完美，最后一刻成功逆袭，拿到了订单。

首批4.8亿元订单71台机车成功交货后，第二批70台，第三批近40台，随后再签了60台……截至2016年，已经有251台资阳造机车运行在土库曼斯坦的铁路上。"土库曼斯坦前总统尼亚佐夫名字命名的总统专列都选用了资阳机车做车头。"李虎灵说。

表现优异，十年未修零故障

中亚市场对品质的苛求已经到了极致。李虎灵说，资阳机车表现优异，尽管没有做定期的维修保养，但在过去十年，200多台机车都运营正常。

"在土库曼斯坦的机车中，有100多辆车跑过了100万千米，还有20台车跑了200万千米，都只做了状态修。"李虎灵拿出了中国的标准，铁道部规定：内燃机车每跑10万千米要做小修，每跑30万千米要做中修，每跑90万千米要做大修。

土库曼斯坦无疑是撕开中亚市场重要的突破口。"我们的机车在土库曼斯坦的成功，整个中亚都看到了。"

截至2016年，已经有近450台资阳机车进入中亚，中亚成了中车资阳公司最大的海外市场，占到出口海外机车的60%以上。

入主中亚

挤入哈萨克斯坦干线货运

2008年，哈萨克斯坦国家铁路公司也发来了订单。但是，哈萨克斯坦国家铁路公司采购的只是小型调车，中车资阳公司真正擅长的机车却没能进入。

铁路路网和运营合一是哈萨克斯坦铁路的一大特色，即便是铁路私有化被小范围放开后，铁路的运营仍然由哈萨克斯坦国家铁路公司统一招标。"哈萨克斯坦国家铁路公司与美国通用电气公司在当地合资生产机车，哈萨克斯坦国家铁路公司原则上只采购通用电气公司的机车投入干线货运。"

不过有实力的私人企业可以参与哈萨克斯坦国家铁路公司招标，这为其他机车进入干线货运留下了一个"小门"。哈萨克斯坦最大的铁路私企公司AKTAN，先后向中车资阳公司订购了16组机车。通过AKTAN公司的努力，资阳机车成功打入哈萨克斯坦干线货运网络。

哈萨克斯坦最大铁路私企认定"四川造"

走进AKTAN公司总经理阿斯卡尔贝克在阿拉木图CBD的独栋办公楼，中车资阳公司机车的模型摆在了最重要的位置。"这就是四川造的机车。"阿斯卡尔贝克对资阳机车赞不绝口。

在AKTAN公司，资阳机车完全被当作明星对待，阿斯卡尔贝克特意将巨幅的机车照片放在了公司的标志下，所有商务来宾都能看出双方合作的紧密。

不过，阿斯卡尔贝克对中国机车的质量一度有过怀疑。因此，第一笔订单AKTAN只试探性地采购了一组中车资阳公司的机车。

"中车资阳公司的机车各方面条件都堪称第一。"经过一年的观察，AKTAN对"四川造"机车的性能大为赞叹，同样是从阿斯塔纳把铁矿石运往中国，用我们的车同样的费用每次能多运1000吨。

哈萨克斯坦铁路弯道很多，美国某公司的机车是单节车，而中车资阳公司的机车是双节重联车，优势明显。美国机车最大功率是3356千瓦，中车资阳公司的重联机车是4860千瓦。

四川机车中亚领跑丝路

四川机车有没有可能拉着货物，从中国一直开往欧洲？四川机车完全有实力牵引丝路货运。AKTAN公司副总经理阿巴扎尔表示，从阿拉山口到多斯特克一段的货运，包括国际运输，全部都采用了资阳机车，资阳机车已经融入丝路运输网络。

"目前，大部分资阳机车都用在了阿拉木图州，但是俄罗斯雅库茨克也希望我们做3个月的试运。"阿巴扎尔认为，在严寒恶劣气候条件下试运成功后，四川机车在丝路上的竞争力将大为提高。目前，AKTAN公司正在与雅库茨克做最后的沟通。

哈萨克斯坦的铁路运营由哈萨克斯坦国家铁路公司下属的机车公司负责。阿巴扎尔告诉记者："哈萨克斯坦机车公司对资阳机车也很有兴趣。"目前，哈萨克斯坦没有比资阳机车马力更大、更结实的机车，难度非常大的工作都是资阳机车来运营。

阿巴扎尔自信地认为，资阳机车接下来一定会承接更为重要的干线货运任务。

瞄准欧亚

挺进1.7亿人大市场

"俄罗斯才是最大的内燃机车市场。"但李虎灵认为，即便有了多年做国际贸易的经验，俄罗斯市场仍是块难啃的骨头。一边是关税壁垒、一边是技术壁垒，"制造能力更好，材料、人工成本都比俄罗斯低，中国机车的竞争力是显而易见的，具有明显的优势，却不一定能够占领市场。"

但是中车并不打算放弃俄罗斯的广阔市场，哈萨克斯坦或许能成为重要的转折。早在2010年1月1日，俄罗斯、哈萨克斯坦、白俄罗斯就成立了关税同盟，哈萨克斯坦生产的产品将能够便利地进入俄罗斯。

2015年，欧亚经济联盟成立，成员国包括俄罗斯、哈萨克斯坦、白俄罗斯、吉尔吉斯斯坦和亚美尼亚。欧亚经济联盟计划在2025年前实现商品、服务、资本和劳动力的自由流动，分阶段建立统一药品市场、共同电力市场，以及统一的石油、天然气和石油产品市场。预计将形成覆盖1.7亿人的巨大市场。

"出口产品、出口技术、出口标准，中国企业走出去要往高端发展。"李虎灵赞同由中国人制定游戏规则的说法。中车资阳公司是中国第一家向国外转移技术的铁路公司，其机车在哈萨克斯坦、巴基斯坦已经实现了本地化组装。

"从第一批机车进入土库曼斯坦算起，中车资阳公司在中亚市场上已经驰骋十年，'一带一路'倡议的提出，为中车资阳公司打开了更广的思路。"中车资阳公司总经理陈又专认为："资阳公司已经具备条件争取在中亚市场的主导权。"

"从中亚再向西走，亚美尼亚、爱沙尼亚……还有十多个国家。"陈又专说道，这些国家与哈萨克斯坦、土库曼斯坦情况类似，整个铁路体系都是苏联的标准，中车资阳公司在中亚的成功经验完全可以复制。

本地化将揭开反击序幕

"中车资阳公司应该在哈萨克斯坦建立本地化生产的工厂。"李虎灵和阿斯卡尔贝克的想法如出一辙。如果能够在哈萨克斯坦建立合资工厂，便可以辐射欧亚经济联盟成员国。

通过合资公司在哈萨克斯坦完成本地化生产，进入俄罗斯的机车几乎是免税的，而中国机车直接出口俄罗斯关税惊人。更为重要的是，在哈萨克斯坦实现本地化生产后，能够更为轻易地获得俄罗斯相关机构的认证。

美国通用电气公司与哈国铁的合作就是这样的模式。"在美国组装好，再把机车出口到中亚市场，俄罗斯肯定不愿意。"阿巴扎尔说，美国通用电气公司与哈国铁在本地合资生产，就相当于哈萨克斯坦的产品，在几年的努力后，将获得俄罗斯权威机构的认证。

"产品供给、技术支持、服务维修，包括配件供应能力，中车资阳公司都是中国铁路装备制造企业'走出去'的先行者，有着行业其他企业无可比拟的优势。"中车资阳公司负责人说道，下一步，中车资阳公司要从完成先行者向领导者的身份转换。

（2015年5月13日载于《华西都市报》）

异彩电站

　　共建"一带一路"是各国共同发展的大舞台，我们要推动共建"一带一路"倡议同各国发展战略及欧亚经济联盟等区域合作倡议深入对接，维护产业链供应链稳定畅通，促进各国经济融合、发展联动、成果共享。

——习近平在上海合作组织成员国元首理事会第二十一次会议上的讲话

新征程，
点亮孟加拉国发展之路

——记中车资阳公司拓展孟加拉国电站市场

"一带一路"倡议提出以后，越来越多的国家和人民享受到了中国推进"一带一路"建设带来的发展成果，孟加拉国就是其中之一。

数据就是最好的说明：

2012年投入商业运行的孟加拉国K/S场两座重油发电厂，截至2018年，已累计发电13亿千瓦时，造福当地500万人民；

2018年11月底交付的孟加拉国最大的单体重油电厂——阿苏岗杰150兆瓦重油电厂圆满完成100小时持续商业运行试验，成功并网发电，给当地钢铁行业、摩托车产业以及黄麻深加工产业等提供了持续电源；

2018年12月交付的8座变电站，预计未来30年将为周边近100万达卡居民提供稳定电力；

从2013年起持续为K/S场电厂提供有偿运营维保服务+专家指导服务，确保了K/S场电厂平稳运行超过13000小时。

这些硕果，是中车资阳公司新产业深耕孟加拉国的见证，也是中车资阳公司成为中车唯一电站项目承建企业，从"造车"迈向"建电厂"的飞跃。这些年，中车资阳公司新产业从"零"起步，在孟加拉国实现了从无到有、从建设"发电厂到变电站"、从"建电厂"到提供"维保服务"质的飞跃！

"造车"到"发电"，中车资阳公司借助优势走进孟加拉国

孟加拉国拥有1.6亿人口，是人口密度最大的国家之一。10年前，孟加拉国能用上电的人口比例不到一半。近年来，孟加拉国经济保持高速增长，可仍有25%左右的人口

没用上电。电力短缺严重制约孟加拉国经济的发展，同时也影响到广大民众的生活。

2010年10月，借助多年研制柴油机的技术优势，中车资阳公司成功获得孟加拉国K/S场重油发电厂项目承建机会，成为中车首家进入发电领域"吃螃蟹"的企业。

可是，一大堆难题正等待着他们。

从国内单机发电到国外建电站并网发电，"系统集成"亟待技术突破；输变电技术、高压电气控制技术、土建、环保，完全是陌生领域；工作环境在异国他乡，不可控的因素实在太多！

没有条件，创造条件；没有经验，从头学起，中车资阳公司开启了新的创业征程。李发春、索雪松至今都记得自己当时在孟加拉国首都达卡的"三无"情景：无固定住处、无交通工具、无固定办公地点。因与政府部门协调事项多，达卡是他们常驻地，但这儿与K/S场施工现场却有8小时车程，必须"两头兼顾"。他们必须适应当地人的工作作风和生活习惯。孟加拉人的工作时间是上午10点至下午5点，上班真正的有效工作时间很短。一次，李发春为了收回应收账款，还拿出了独家秘籍——表演中国武术，才让孟加拉人办事儿积极了起来。

这些只是"小儿科"，真正的难题是技术"坎儿"。当时，大家虽对重油机的机械部分有一定了解，但是对所需的辅助模块、电力的升压技术、环保技术，以及油罐设计安装、电厂布局设计等技术一窍不通。找熟人、查资料、请专家……几个月后龚欣、王生浦他们终于完全掌握了重油电厂的系统集成技术。

过了技术关，土建施工却遇上"天公不作美"。适值雨季，最多时一天五次瓢泼大雨，有时为抢工期，项目组的成员与孟加拉国工人一起，在泥浆里摸爬滚打，一边排水，一边在近1米深的水坑里继续施工作业。

图为中车资阳公司为孟加拉国建造的电站

艰辛的付出，赢得了孟加拉国政府高层及当地人民的高度认可。孟加拉国总理哈西娜专程到K场电站施工现场视察，并参加项目建设奠基仪式，她对中车资阳公司承建的电站项目十分满意。

2012年年底，K/S两座电厂与同批电厂一起相继投入商业运行，使当地停电问题减少了80%以上。由于设计理念好、品质过得硬，两座电站不仅成为孟加拉国电站的示范性样板工程、当地的地标性建筑，更成为孟加拉国拉杰沙希大学工程技术大学、拉杰沙希大学大学，以及当地中小学校的指定实习、参观基地，每年都有超过10批学生前往电站学习和参观。

K/S重油电厂项目，为中车资阳公司继续深耕孟加拉国市场奠定了坚实基础，此后，中车资阳公司在孟加拉国市场多次获得订单：

2013年初获得有偿运行维护+专家指导服务合同；2015年3月获得K/S电厂4年运行维保订单；2017年获得阿苏岗杰150兆瓦重油电厂工程总包项目。

为了推进阿苏岗杰项目，中车资阳公司驻孟团队付出了太多艰辛：

阿苏岗杰项目除了要面对K/S场所面临的所有问题外，还面临着交期更短、施工场地更加狭窄的"卡脖子"难题。由于分包合作伙伴的重油电站技术能力不足，项目组的技术员既要消化设计院的技术纰漏、帮助合作伙伴设计工艺方案，又要当项目质量、进度的"把关者"和"推进员"，有时还得"客串"翻译员。场地狭窄、安装设

图为中车资阳公司为孟加拉国建造的电站一角

备拥挤等困难让时任项目执行经理宋宇焦虑万分，他带病坚守现场；技术员刘锦一人承担两个人的任务量，弥补了电气技术员人手不足的问题；付发因工作难以离开，最终没能与临终的父亲见上一面……大家的付出终有回报，2018年11月，阿苏岗杰重油电厂项目实现安全并网发电，成功投入商业运行。

"发电"到"变电"，中车资阳公司依靠积累走向"深海"

如果承建重油发电厂是中车资阳公司从"造车"向"发电"的新突破，那么承建达卡市8座变电站，则是中车资阳公司利用积累的电站技术，从"发电"向"变电"的再次升级。

达卡市是孟加拉国的首都。随着该国近年推行自由经济，国内人口不断向达卡聚集，人口已超1600万，该国1/10的人口在这里工作和生活，用电量剧增。由于原有变电设备老化、容量不足，经常出现电压不稳、停电的现象，达卡市民怨声四起。

为彻底解决这一问题，2015年10月，孟加拉国达卡市供电公司面向全球招标建设8个变电站的总包工程（以下简称DPDC项目）。中车资阳公司击败西门子、特变电工在内的15家世界知名企业，成功中标，并于2015年12月签订合同。

项目交期十分紧张，8个变电站分布于达卡市内不同地点，需要同时开工，然而市区交通异常拥堵，仅在8个变电站之间穿梭就大费周折，还不用说开展具体工作。这对中车资阳公司总体协调能力是一次极大的挑战。

图为用户感谢中车资阳公司提供了优质的变电站并授牌

白天的达卡市已经非常拥堵了，为了不再增加影响，当地政府规定货车只能在19点到次日7点之间进城。于是中车资阳公司的现场团队一分为二，物料管理组的成员"黑白颠倒"——白天休息、晚上上班；另一组则白天开展施工组织及监督作业。这样，既保证了施工所需的砂石、钢筋、水泥等大宗物料按时运进城区，又保证了施工的进度。

为提升效率，项目组针对孟加拉人施工方法进行分析，在"工艺提效"上做文章，让8个变电站主体大楼立柱浇筑时间节约4天/每层，整体施工效率提升30%以上。

主体工程完工后，设备安装又成了难题。变电站设备有的是二三十吨大部件，为不影响市内交通，设备只能在晚上运进市区。一次，街道宽度不够，大型运输汽车无法转弯进入存放场地，设备只能卸在大街上。为保证设备安全，曾毅、张召云等通宵未眠，站在街边，守着设备。

正值施工最紧张的时候，意外却不期而至：负责现场生产物流的黄红陵因蚊虫叮咬，染上"登革热"。他在现场坚持到第二天就高烧不止。随后，时任项目负责人王富、索雪松，技术人员张立长相继被感染，最严重时，项目组8人中5人被感染！

DPDC项目土建主管工程师马勇虽没被感染"登革热"，但他面对的是另一种艰辛和挑战：1000多份图纸审核、高价值大型设备进入站房主体带来的风险、土建分包商的漫天要价……马勇竭尽全力把控好每一个细节，他利用专业知识优化施工、优化站房主体结构方案，为项目节约成本600万元以上。

中车资阳公司的现场项目组不断攻坚克难，8座变电站如期拔地而起，并于2018年7月开始陆续交付，为达卡及周边地区输送稳定的电力。

达卡医学院的医生高兴地说，以前给病人做手术时，特别害怕停电，这样可能会导致病人出现生命危险，而且备用的一台发电设备经常被"使用"，现在变电站建成后，电力稳定，再也不用担心突然停电了，备用应急电源也真的成了"备用"。

"我们知道中车资阳公司克服了难以想象的困难，'梦幻般'地完成了8个变电站的建设工作。现在，供电状况已得到极大改变，我们很满意现在的用电感受！"达卡配电公司业主的主管总工赞誉连连。

在"走出去"的过程中，中车资阳公司还充分尊重当地人文、历史、宗教，极力打造受人尊敬的国际化公司。在承建其中一座变电站时，就发生了这样一件事：

达卡医学院旁有座古建筑。旁边的变电站土建主体工程即将完工，业主却请求改变设计，要将变电站的现代风格改为伊斯兰建筑风格。"当时我们很忐忑，尽管这是政府的要求，但合同中毕竟没有约定。我抱着试一试的态度与中车资阳公司沟通，让我们没想到的是，中车资阳公司从尊重、保护我们当地历史、宗教和人文环境的角度出发，最终同意了我们的要求！"达卡市DPDC项目业主主管总工说起这事儿，感激之情溢于言表。

如今，这座仿古式变电站，成为达卡的一道风景，达卡当地居民和医药大学的师生们，常在这里合影留念。2018年底，在中国驻孟加拉国大使馆举办的年会上，用户总工程师穆罕默德·霍克先生对原中国驻孟加拉国大使张佐先生说道："感谢中国中车这样的中国企业，为我们建设了这个具有浓郁伊斯兰文化特色的仿古变电站！"

"建厂"到"维保"，中车资阳赢得业主信赖

如何从"走进去"向"走上去"转变？

中车资阳公司承建的电站工程多次受到业主好评，业主需要这样一位专业且可靠的合作伙伴的长期支持。K/S重油电厂质保期结束后，2015年年初，业主与中车资阳公司再签4年运行维保合同，中车资阳公司实现了从"承建电站"到"提供维保"服务的再升级。

维保工作，最难的在于"与时间赛跑"，需要利用既有知识和经验，预测故障易发点，做好配件储备和处理预案。一旦出现故障，维保人员须在第一时间出现场、排故障，保证电厂平稳运行。

每天巡检、定期检修、故障排除……每次故障处理，时任项目负责人张敏、技术员张雪松等维保人员都会带着孟方员工，共同查找故障点、分析故障原因、讲解排除方法。语言不通就"比划"，不会安装就"手把手"教，发现野蛮作业及时制止……经过几年的维保服务和技术支持，孟方工作人员实现了从"无法描述清楚故障点"的技术空白状态到"能够自主启机、按操作手册排除简单故障"的技术提升，同时两个电厂安全平稳运行均达13 000小时以上，为孟方培育维保技术员、运行管理人员200余人次左右。

"中车资阳公司维保团队是非常负责任的专业团队，他们工作态度好、能力强、解决问题及时！"孟加拉国电力发展会委员会运维董事赛义德对电厂维保工作人员竖起了拇指。

"拓荒"到"融入",中车资阳公司铺就当地民众致富路

无论是承建发电厂、变电站,还是提供维保服务,中车资阳公司都尽量做到本地化用工、本地化制造、本地化采购,为当地创造机会、造福民众。

除当地市场没有的物资和设备外,中车资阳公司所需物资基本实现了本地化采购,在用工方面,中车资阳公司采用聘用和分包方式,为孟加拉国创造就业工作岗位上千个。

42岁的马黑,就是受益人之一。2012年,当年只有35岁的他,被招聘到项目团队担当翻译。他曾供职于其他国家企业,但他说他对中国企业的感情最深。他的家距现场有近300千米,为让他妻子和孩子来探望,项目组特地给他安排了单独的房间。"中国公司非常尊重我们,及时帮助我们解决各种困难,我的朋友都十分羡慕我在中国中车工作。" 马黑充满感情地说道。

在S场电厂储油罐焊接施工时,中车资阳公司项目组全部聘用当地电焊工,招聘吸引了100多名当地焊工前来报名。由于焊工技术水平参差不齐,项目组开展理论和实作培训,培训合格了40多名。"许多参与K/S场建设的当地焊工,因为参与了我们的项目,学会了氩弧焊技术,掌握了探伤焊缝的方法,成了当地的致富能手,甚至部分工人还远赴新加坡、阿联酋、沙特阿拉伯等国家,从事高薪焊接工作……"时任资深项目经理邱友胜和高级电焊技师钟俊林,为那段实施"油罐倒装焊法"节约成本500多万元、培养出40多位孟加拉国焊工的经历自豪不已。

中车资阳公司先后在孟加拉国建成3座重油发电厂、8座变电站,为当地民众带来了光明,改变了他们的生活。如今在K场电厂周边,不但小商云集、夜市繁华,而且街边还出现了喷泉小景观。"在电厂建成以前,每年都因电力短缺影响春耕,甚至导致部分土地荒废,人们被迫外出打工谋生。现在因电力供应充足,民众可以开垦荒地播种,城市周边的小商业、夜市也发展起来,外出打工的当地人也陆续地回乡工作生活了。"S场电厂现场经理黑·乌丁由衷地发出赞叹。

"一带一路"的建设机遇,不仅让中车资阳公司的新产业不断发展进步,更重要的是,能够为共建"一带一路"国家的民众带来生活的改变,这更成为中车资阳公司倍感光荣的责任与使命。

孟加拉国的
中车资阳之光

中标八个变电站项目

2015年10月6日,中车资阳公司收到孟加拉国首都达卡市供电公司关于8个变电站项目的中标通知书,工程总金额超亿元人民币,为10月4日中孟建交40周年献上厚礼。

这是中国中车成立以来首次独立参与的海外变电站工程总包项目投标并中标,成为中国中车拓展海外新产业市场的又一亮点。

该项目业主达卡供电公司于2014年公开招标,中车资阳公司与海内外15家企业同台竞技,最终凭借雄厚的实力、优异的业绩在众多投标企业中胜出。

本次中标项目将在合同生效后的18个月内交付。届时,8个变电站将与达卡市内生活区用电形成完整配套,为当地居民和辖区纺织厂等企业提供更加便利的生活条件。

此前,中车资阳公司以工程总包方式,成功地为孟加拉国建设了两个50兆瓦的发电站,这两个电站从2012年12月投入商业运行至今,彻底解决了孟加拉国500万人口的日常生活用电和农业用电,使当地因电力短缺导致的停电问题减少80%以上。这样的优异业绩也是成功竞标变电站项目的重要前提。

孟加拉国首座仿古式变电站成功通电

这是一座具有浓郁伊斯兰文化传统的仿古式变电站,它是8个变电站项目中的一个,建成后的它,立刻成了孟加拉国达卡大学的"打卡地"。

图为首座仿古式变电站成功通电

    2019年3月的一天，孟加拉国当地时间12：00，这座仿古变电站成功通电，从此，周边的医院和居民将不再有经常停电的烦恼了。

    在现场，达卡配电公司全体领导、中车资阳公司代表以及当地居民代表等100多人共同出席了通电庆典。

    紧张、兴奋、激动，从大家的表情中可以看出孟加拉国人民对这次通电仪式的珍视，对于他们而言，这座仿古式变电站有着特殊的意义。因为它的位置紧挨着孟加拉国历史上的古征兵台，是8个变电站中唯一的一座仿古电站。此外，变电站位于达卡医药大学附属医院旁，方圆5000米内，还分布着孟加拉国伊斯兰教育委员会、达卡中等教育委员会、孟加拉国工程技术大学、达卡大学等重要组织和学术机构，它的正式通电，将极大改善该地区电力供需不平衡的局面，为周边各组织机构提供强有力的电力保障。

    而这样一座仿古电站的修建并不是合同约定的内容。在工程已进入施工阶段时，DPDC业主向中车资阳公司提出，能否把电站的外形修建成仿古风格，这样可以和外部的古征兵台保持一致。中车资阳公司经过认真考虑同意了业主的要求。最

图为孟加拉国达卡配电公司管理人员与中车资阳公司员工合影

终这座建成的电站与其左前方的孟加拉国历史上的古征兵台建筑浑然一体，体现了中车资阳公司对用户的尊重、对孟加拉国历史文化的尊重，"客户至上"的价值理念再一次在这里得到体现。

8个变电站被授予出色性能证书

2018年12月12日，中车资阳公司为孟加拉国达卡配电公司（简称DPDC）承建的8座变电站全部圆满交付，成为DPDC变电站的示范工程，DPDC董事长比卡西·迪宛先生高度评价道："这8座变电站完全满足了IEC国际标准，是现代化'偶像式'的变电站。"

2020年初，DPDC达卡配电公司总工乌丁·吉达先生兴高采烈地通知中车资阳公司驻孟办公室：经过DPDC董事长比卡西·迪宛先生的慎重考虑，决定授予中车资阳公司承建的DPDC 8个GIS变电站优异性能证书。

业主在该证书中写道："由中车资阳公司承建的8个GIS变电站项目于2018年10月31日全部顺利完成，截至2019年年底，所有变电站项目运行良好。在此，我代表变电站项目部对贵司的出色表现致以由衷的感谢，希望贵司在未来与DPDC保持良好的业务往来。"

这并不是公司第一次受到业主方的高度赞誉。2018年7月30日，当第一个变电站成功运行时，DPDC曾向中车资阳公司赠送了"最受欢迎"奖牌。

2019年10月30至31日，亚洲开发银行审计总署专家凯瑟琳女士一行在参观完中车资阳公司建设的孟加拉国变电站后欣然为这一项目题词："一次完美的访问，感谢有机会见证到这样一个完美的现场。"该批变电站是由亚洲开发银行出资建设的，这一次的现场调研让凯瑟琳女士非常满意，因此，她高兴地写下了自己的亲身感受。

中国中车首批海外EPC变电站项目圆满交付

孟加拉国DPDC 8座变电站由资阳公司承建，2018年10月底，8座变电站全部完工交付进入质保期，在近两年的质保期内，中车资阳公司努力保证了8座变电站的高质量运营，多次受到用户表扬和肯定。

2020年10月30日，中国中车首批海外EPC变电站项目孟加拉国DPDC 8座变电站圆满交付。

当日，孟加拉国DPDC项目业主欣然在中车资阳公司递交的《关于完成质保整改工作函》上签字，标志着该项目质保期胜利结束。这是中车资阳公司在新冠疫情全球肆虐情况下，攻坚克难在海外市场取得的又一硕果。

图为电站夜景

3 幸福的见证

　　幸福的见证，文化的交融。2019年3月15日，中车资阳公司驻孟人员参与见证了一对孟加拉国新人的幸福婚礼。

　　在孟加拉国，一场婚礼要持续几天时间，婚礼前会有一项传统的庆祝活动"涂姜黄庆典"。为了让新郎和新娘在婚礼上更加美丽迷人，人们会用姜黄颜料涂抹在新郎新娘的皮肤上。当然，孟加拉国婚礼还少不了的就是唱歌跳舞。

图为孟加拉新人

图为中车资阳公司员工与参加婚礼的嘉宾合影

其实，这位美丽的新娘，跟中车资阳公司有着一份特殊的情谊。她的哥哥是中车资阳公司阿苏岗杰电厂项目的司机，也是中车资阳公司驻孟员工们的朋友，名字叫哈尼夫。

阿苏岗杰电厂是中车资阳公司承建的孟加拉国最大单体重油电厂。在此项目推进过程中最大的困难就是工期紧。为了保证项目进度，项目组的每名成员都付出了异常的艰辛。哈尼夫也正在其中。

在孟加拉国，交通情况拥挤，从阿苏岗杰到首都达卡，仅80多千米的路程，开车竟要3小时，要是遇上堵车，时间更久，偏偏堵车又是孟加拉国道路交通的常态。

然而，即使再难，哈尼夫都时刻处于"候命"状态。市场调研、买材料、接送人，几乎随叫随到。在阿苏岗杰项目推进的一年时间里，哈尼夫无数次载着中车资阳公司的同事们，穿梭在孟加拉国拥堵的道路上。

正是在这种朝夕相处中，哈尼夫和中车资阳公司的员工们建立了深厚的友谊。因此，他热情邀请大家参加妹妹的婚礼，希望中国朋友和自己一起见证妹妹的幸福时刻，并祝福她新的幸福人生。

4 中车电厂助力孟加拉国电视台流畅录放节目

2020年元旦，应孟加拉国当地电视台AMTV总编辑苟南·德拉斯·爱普（Gownanga Debnath Apu）先生的邀请，中车资阳公司驻孟办事处全体人员赴该电视台总部进行了新年交流。

图为中车资阳公司在孟加拉国承建的电站

AMTV位于孟加拉国吉大港区诺比纳加尔镇，距离中车资阳公司建造的阿苏岗杰电厂20千米，位于孟加拉国最大河流曼格拉河畔，是孟加拉国印度教人士相对集中居住的区域之一，辖区内有多处印度教遗址的名胜古迹。总编辑苟南·德拉斯·爱普先生对中国文化和中国高铁向往已久，自2019年知道中车资阳公司在附近建设电厂时，就一直在寻找交流的机会。

此次新年交流，宾朋就中孟文化、中国高铁、中车孟加拉国电厂、中孟友谊等进行了深入对话。戈南加先生更是对中国长城、东方明珠广播电视塔、四川大熊猫基地，以及中国良好的基础设施等赞不绝口。他还特别感谢中车资阳公司建设了阿苏岗杰电厂项目，他说，自从有了中车电厂，他们家乡的电力供应稳定了，他的电视台可以流畅的录制和放映节目了，可以放心地做直播。戈南加先生希望中车和中国公司在孟加拉国参与更多的项目，帮助他们早日实现"金色孟加拉"的梦想。

最后，双方共同祝愿："中国梦、孟加拉国梦都能实现，中孟一家亲。"

5

"感谢你们不惧感染、无私无畏的付出"

2021年印度新冠疫情持续恶化,其邻国孟加拉国的疫情也让人担忧,感染人数持续上升。

在这样的大背景下,勇敢的中车资阳公司驻孟团队,没有一丝退缩,依然坚守孟加拉国,艰辛奋战在市场和履约的第一线。

2021年4月下旬,在疫情导致孟加拉国第2次封国期间,中车资阳公司驻孟加拉国项目组收到了达卡配电有限公司的书面感谢信,信的大意是:

"感谢中车资阳公司人员在孟加拉国疫情导致封国的情况下急业主之所急,在质保期结束后仍然持续提供帮助,成功完成了坎门拉普变电站33kV 2U开关柜质量问题的处理。特别感谢中车资阳公司技术人员刘锦的专业能力"。感谢信的背后,是中车资阳公司驻孟团队科学防疫、不惧感染、无私无畏、急人所急的付出!

2021年4月后,孟加拉国骄阳似火,现场温度高达39℃,因疫情肆虐,日新增感染患者5次创下新高。

此时,孟加拉国业主发现坎门拉普变电站一个开关柜气体泄漏。业主自身人员无法处理,遂向中车资阳公司提出帮助请求。尽管中车资阳公司已于2020年10月30日就完成了变电站的质保服务,并将其交付业主,而且这次开关柜气体泄漏也是由于业主自身原因导致的,但中车资阳公司驻孟团队成员在接到用户的请求后,没有一丝犹豫,立刻响应。

项目组成员刘锦等人经过多次检测,发现了问题的具体原因,并为问题处理提前编制了详细的施工方案。方案实施前,项目组在办公室对整个实施过程进行了多次推演和完善。

图为项目组成员在检查开关柜

2021年4月15日至20日，业主给中车资阳公司驻孟项目组办理了特别通行证，项目组成员刘锦在做好自身防护的同时，克服天气炎热、空中作业和工作现场狭小等困难，手把手指导业主工程师处理问题过程中的标记、排气、移盖、拆卸铜排和隔离刀、配件更换、清洁度检查、回装、真空、气体回充等10余个步骤。

每一步都反复确认，每一步都汗流浃背。整个整改过程严格按照既定方案推进，一次成功！

坎门拉普变电站是中车资阳公司于2015年中标的8个变电站中的一个。该变电站投入使用后给周边2万多人和孟加拉国坎门拉普中心火车站提供持续的电力。这次故障的及时处理，保障了周边民众工作、生活用电，这也才有了疫情期间这封特别的感谢信。

6 来自孟加拉国总理的新年礼物

2019年2月6日，中国的大年初二，孟加拉国总理谢赫·哈西娜（Sheikh Hasina）为包含中车资阳公司承建的孟加拉国最大单体重油电厂——阿苏岗杰150兆瓦重油电厂在内的阿苏岗杰项目成功商业运营进行剪彩。

总理亲自指挥剪彩，代表了她对有效促进当地经济发展和民生改善的电力设施建设的重视，也是她对中国企业在孟建设的肯定和支持。

图为中车资阳公司在孟加拉国承建的电站近景

近年来，随着中国"一带一路"倡议的提出，孟加拉国与中国展开了很多友好合作。

阿苏岗杰150兆瓦重油电厂是中车资阳公司在孟加拉国承建的第三座重油电厂，也是中车资阳公司践行"一带一路"倡议的具体项目。

据了解，阿苏岗杰150兆瓦重油电厂在2018年11月投入运营后，已累计发电超5000万千瓦时，给当地的钢铁行业、摩托车产业以及黄麻深加工产业等提供持续的稳定电源，为孟加拉国经济发展提供充足电力。

据悉，为了表达对中国的友好，春节前，孟加拉国总理谢赫·哈西娜特别为中国人民发来了新春祝福："值此中国农历新年之际，我谨代表孟加拉国人民、孟加拉人民共和国政府以及我本人，向中华人民共和国政府和中国人民致以最诚挚的祝福。"

中孟关系历久弥新，两国政治互信、经济互助、文化互融、民心相通，历史交好为两国文化关系和人文交流作出重要贡献。

春节是中华民族最隆重的传统节日，也是家人团聚分享喜悦与收获的重要日子。同样，千千万万在孟加拉国奋斗的华人华侨也会欢度此佳节。

"中孟友谊万岁"，中车资阳公司将继续深耕包括孟加拉国在内的海外市场，为当地人民带去更多便利。

7

护航海外抗疫物资，彰显央企责任担当

2020年1月26日大年初二晚，65箱共27 200个符合N95标准的口罩物资，圆满送达到中国驻孟加拉国大使馆指定的云南省卫生厅接收地点后，时任中车资阳公司新产业事业部总经理江太宏终于松了一口气。

2020年新冠疫情暴发后，国内多地医疗物资尤其是口罩紧缺。得知这一情况后，中国驻孟加拉国大使馆和驻孟中资企业协会心系祖国、情牵人民，立即行动起来。在李极明大使的组织下，中国驻孟加拉国大使馆和部分企业员工在较短时间内筹集费用，多方协调购得符合N95标准的口罩65箱27 200个。

图为护送抗击新型冠状病毒物资回国现场

图为江太宏（左二）等人与云南省外事办人员合影

2020年1月26日，在达卡国际机场，正在孟加拉国出差的江太宏一行，欣然接受中国驻孟加拉国大使馆及中资企业协会的安排，护送抗疫物资回国。中国驻孟加拉国大使馆办公室杨主任及中资企业协会柯副会长、明副会长、赵副会长等到机场组织物资的托运及过关事宜。杨主任嘱咐江太宏："这批物资代表了全体在孟加拉国的中国人和中资企业对祖国和人民的关心与关爱，得到了孟加拉国海关及达卡机场的大力支持，一定要及时完整地送到目的地。"

江太宏表示："中车是负责任的央企，为抗击新冠疫情出力是我们的责任，我们一定不辱使命、全力以赴，把这批物资安全护航到指定地点。"

当天夜里，在昆明市，江太宏将该批物资完整、顺利地交付给云南省外事办和云南省委省政府应对新冠肺炎疫情工作领导小组指挥部办公室。

8

马黑脸上的幸福笑容

2018年5月的孟加拉国，天气十分多变，前一秒还是艳阳高照，下一刻就是狂风暴雨。

雨后的尚塔哈尔小镇，尘埃落尽，清新的空气扑鼻而来。远处，由中车资阳公司承建的电厂又开始了一天的运营发电。

发电机组室里，42岁的马黑正和一群同事像往常一样，有序地忙碌着。他一边伸出手指头比画，一边开心地说道："这里就是我的家，我在这里已经工作八年了。"

2010年12月，中车资阳公司作为总承包商，与国内一家企业签订了孟加拉国尚塔哈尔和卡塔卡利重油电厂项目的总承包合同，成为中车首家"吃螃蟹的企业"。

当时，还只有34岁的马黑通过应聘来到了中车资阳公司驻孟团队，担当翻译工作。项目建设初期，他除了做好现场与业主和分包商的沟通工作，还要负责沟通协调现场的施工安全。

在马黑的心中，中国同事很友好，中国企业很贴心。他说："我喜欢在这里工作，虽然有时候比较辛苦，但是中车资阳公司从不拖欠工资，而且非常尊重孟加拉国的文化、风俗和习惯，这令我十分感动。"马黑之前曾供职于其他国际企业，但他称对中国企业感情最深。他说起这样一件小事：

他的家在吉达港，距离达卡作业现场有近300千米，工作忙起来的时候，几个月都不能回家看望亲人。细心的中国同事知道后，特地给他单独安排了房间，方便他的妻子和孩子探望。"没想到中国企业如此温暖贴心，让我享受到了尊重。"他充满感激地说道。

从尚塔哈尔电厂初建到正式运营发电，再到项目的维保服务，马黑和中国同事一起度过了八个春夏秋冬，见证了中车资阳公司在孟加拉国的土地上，建起了地标式的发电厂。该电厂自2012年12月投入商业运行以来，至今已为当地发电超过6亿度，彻底解决了当地1000万人口的日常生活用电和农业用电，使当地因电力短缺导致的停电问题减少80%以上，同时该电站也成为中小学生、大学生参观的教育基地。

"在这里，我能感受到在其他'外企'所没有的归属感，这里就像是我的另一个家。"马黑脸上洋溢起幸福的笑容。期间，有很多外国企业高薪"挖"人，他都没有离开。他说道："以前出门在外，总免不了被警察例行检查，而自从在电厂工作后，听说自己在帮中国人做事，警察会变得很友好。"

马黑周围的同学、朋友也很羡慕他工作环境好，收入可观，受人尊重。他觉得自己如此幸运。"我希望更多像中车资阳公司这样的企业到孟加拉国投资，改善我们的工作和生活条件；我希望与中车资阳公司的合作，还会更长，十年、二十年，直至变老……"对于未来，他充满美好期待。

图为马黑一家

9

中车电站首次走进南美"天空之镜"

2019年2月,玻利维亚,这个充满神秘色彩的南美国度,迎来了一抹靓丽的东方色彩——中车红,中国中车能源电站进入南美洲国家!

2019年3月5日,中车资阳公司承揽的玻利维亚穆通钢厂自备电厂项目已经启动,项目正式进入主要设备设计及采购阶段。

2018年底,中车资阳公司与中钢设备有限公司签订玻利维亚穆通钢厂自备电厂项目合同。这是中国中车能源电站首次进入玻利维亚市场。

穆通钢厂项目是中玻第一个产能合作项目,项目建成后将使玻利维亚成为拉美钢产量最大的国家之一。该项目受到当地政府的高度重视,2019年1月29日,穆通钢厂项目在玻利维亚圣克鲁斯省苏亚雷斯港举行开工仪式,玻利维亚总统莫拉莱斯出席仪式。

中车资阳公司承揽的自备电厂是穆通钢厂项目生产生活用电的唯一供给源,功率为103兆瓦,这是中车资阳公司承揽的最大燃气电厂集成项目和在海外开拓的首个燃气电站市场。

据悉,自备电厂项目预计2020年年初完成项目发电机组和辅助设备的采购生产,2021年完成整个项目的安装调试验收。

自2008年以来,中车资阳公司以轨道交通装备和发动机研制为依托,逐步掌握了各种规模的燃油、燃气电站集成技术,广泛应用于国内,并在海外取得了丰硕成果,先后为孟加拉国承建并交付了3座重油电厂、8座变电站,为促进当地经济发展和人民生活水平改善提供了可靠的能源保障。

擦亮名片

加快中国装备"走出去"，中车资阳公司坚持科技创新引领发展，成为我国高端装备"走出去"的新亮点。

中国高端内燃机车
擦亮"中国名片"

澳大利亚矿产资源丰富，已探明的矿产种类超过70种，其铁矿石、铝土矿产量居世界前列，也是全球最大的液化天然气和煤炭出口国，被称为"坐在矿车上的国家"。澳大利亚铁路有160多年历史，货运的主要货品是铁矿石、煤炭和农牧业产品。

2011年，中车资阳公司自主研发的SDA1型交流传动内燃机车出口到澳大利亚，开创了我国高端机车出口发达国家的先河。截至2022年年底，中车资阳公司共向澳大

图为澳大利亚悉尼歌剧院

利亚提供高端内燃机车30台，主要用于当地矿石、钢材和集装箱的运输。

　　2021年，公司于10年前交付的首批6台机车在澳大利亚单车运行里程已超过100万千米。2021—2022年，中车资阳公司又陆续向澳大利亚客户高质量交付了12台第二代SDA1型高端内燃机车。通过十年的运用考核和优化改进，SDA1型机车的牵引性能、安全环保、可靠性等指标，均满足国际先进标准和客户最严格的要求。第二代SDA1型机车于2022年投入运用至今，机车平均可利用率高达97%。

　　为减少碳排放，澳大利亚正在大力倡导公路运输转铁路运输。资阳机车的运用，有效缓解了阿德莱德往返墨尔本、墨尔本往返悉尼、墨尔本往返布里斯班的公路运输压力，为当地减少碳排放、降低运输成本作出了重要贡献。

图为出口澳大利亚的高端内燃机车

图为在澳大利亚运行的"资阳造"高端内燃机车

擦亮 2 名片

严苛的准入试验

2012年2月3日,澳大利亚阿德莱德,中车资阳公司的6台机车亮相大洋洲。在澳大利亚,机车需要通过预准入试验、准入试验后才能投入运用。预考、正考、加考,每一考都是必须迈过的高门槛。

2012年2月22日,澳大利亚轨道管理机构ARTC和SCT公司一起进行了机车干线线路信号兼容、机车轮对电阻值等测试。预准入试验过关。

图为准入试验现场

2012年3月5日，正式考试——准入试验开始。"很好，是测试过的机车中震动及内部噪声较小的机车。"3名参与试验司机的感觉几乎一致，"尤其是司机室内部的噪声只有68分贝"。按照音量的类别区分，70分贝属于"大声说话"的类别，也就是说，司机室内的噪声甚至比大声说话的音量还要小。

单机制动距离测试要求机车在115千米/时的速度下作紧急制动，以测试机车能在多长的距离内完全静止，类似于检测汽车的刹车能力。澳车在700米的距离稳稳地停住了。"这项试验通过了吗？"时任中车资阳公司副总经理熊建平问SCT公司总经理诺尔。诺尔却开起了玩笑："你能让机车静止的距离再近一点吗？"其实，按照澳大利亚要求，该项测试的规定距离是800米，资阳机车足足缩短了100米！

3项试验全部达标，资阳机车成功获得包括ARTC、Railcorp、WestNet、GWA等澳大利亚轨道监管机构的准入资格，可以上线运营。

闯过第二关，迎来"硬骨头"——牵引性能试验，它要求机车双机重联净牵引货物重量不低于8066吨，通过大于技术要求1/100的最大运行线路坡道。

2012年3月16日8：30，001和002号机车牵引着总长为1300余米、总重达8080吨的87节货车车辆踏上征程。

图为牵引性能试验现场

2012年3月16日15：50，依照规定不能前往试验现场的熊建平接到了诺尔从墨尔本的调度中心打来的贺电："机车已通过牵引性能试验，中国机车性能优良。"

"其实，我们的机车早在进行准入试验和牵引性能试验之前，就顶替澳大利亚本土机车很好地完成了两次临时的牵引任务。" 中车资阳公司海外事业部员工一脸自豪地说。

原来，早在2012年3月3日，SCT公司通知001、002号机车前往300多千米以外的奥古斯塔港，等待5日的正式准入试验。3月4日上午，中车资阳公司交车服务组人员登上了这两辆机车添乘，于10点抵达指定地点。10点多，SCT公司又临时通知，机车需前往距离奥古斯塔港约80千米的地方，牵引5个车皮的500吨铁矿石返回奥古斯塔港的编组站。

机车立即启程，于11：30赶到指定地点，大家看到的却是43节车皮、长1000余米、重4500吨的货物，让每个人的心提了起来。14：30，资阳机车开始了"首秀"。16：00，"初出茅庐"的资阳机车顺利将货物运送至编组站。

悬着的心落下了。

鉴于机车的良好表现，SCT公司临时决定，机车在完成准入试验后，将该批铁矿石牵引回300多千米以外的阿德莱德港。吃晚饭时，SCT公司总经理诺尔"揭秘"了这次临时牵引任务的缘由：另一家公司提供的机车在牵引时出现了机破。

在顺利通过准入试验后，2012年3月6日凌晨，001、002号机车牵引重量为8160吨的铁矿石前往阿德莱德港。8160吨，比牵引性能试验的重量还要多94吨！当日11：30，SCT公司的一名调度通知："机车基本准点到达目的地。"

悬着的心再次落下。

从500吨变为4500吨，从4500吨变为8160吨，牵引重量的"变脸"式变化，没有阻碍资阳机车前行的脚步，它打破了美国机车在澳大利亚市场的垄断地位，降低了客户的采购成本。同时，资阳机车欧Ⅲ的排放等级，也为澳大利亚环保事业做出了积极贡献。

3

千万里追寻"资阳造"

2016年5月,"资阳造"世界最大功率绿色环保型内燃机车——油电混合动力机车正在北京铁科院做试验。

2016年12月14日,一个名为布雷特·麦克伦南的大叔从澳大利亚远道而来,甘冒严寒出现在北京铁科院环形线试验现场。

为什么他千万里追寻着"资阳造"混合动力机车?

事情得回溯到2016年11月22日至23日,在澳大利亚举办的轨道铁路展览会。这是大洋洲地区最具权威的旗舰式铁路展览盛会。作为展会的常客,中国中车组织旗下的6家子公司,由中车资阳公司牵头,以中车独具特色的机车、动车、配件等产品共同参加了此次展会。

中车资阳公司为此次展会带去大功率混合动力机车模型。车模靛青加浅蓝的漂亮涂装,配以环保低排的理念,非常符合澳大利亚碧海蓝天的环境,因此引起了众多展商的浓厚兴趣。他们频频在"资阳造"大功率混合动力机车模型前,仔细观摩,认真询问,当听到该型机车最高可减少燃油消耗90%时,都感到十分惊讶,这让他们牢牢记住了"资阳造"的产品特色。

而布雷特·麦克伦南,正是在场的其中一个。

其实,布雷特·麦克伦南还有另一个身份——澳大利亚某公司轨道业务开发执行总经理。展会结束后,他回去汇报了自己的所见所闻,尤其是详细介绍了中车资阳公司的混合动力机车。该公司对其产生了浓厚兴趣,随后便派他到中国专门来考察调研这台机车的具体情况。

图为澳大利亚轨道铁路展览会上,"资阳造"大功率混合动力机车成为中外客商关注的焦点

2016年12月12日至13日,离澳大利亚轨道铁路展览会结束还不到1个月,布雷特·麦克伦南就带着公司中国区财务兼商务经理约翰·张一行来到中车资阳公司进行商务交流,并参观了生产现场,非常详细地了解了混合动力机车的技术优势、生产过程等情况。期间,他还从用户的角度,就所关心的节能、减排、降噪、动能回收利用等问题进行了仔细询问。

"在不具备地面充电条件时,可节省燃油40%;在具备地面充电条件时,最高可减少燃油消耗90%,同时硫化物、碳化物以及颗粒物等有害物质的排放可减少60%~90%。运行噪声可降低80%以上,维护检修周期可延长1倍;机车还可将2800千瓦的电制动功率,全部用于机车动力电池快速充电,实现制动能量的回收再利用。"

听了中车资阳公司工作人员的解答后,布雷特·麦克伦南频频点头,同时也对中车资阳公司的制造实力表示肯定。当听说这台油电混合动力机车正在北京铁科院做试千万里追寻"资阳造"

BUSINESS CARD OF CHINA: HIGH-QUALITY DIESEL LOCOMOTIVE

图为布雷特·麦克伦南在北京参观正在做试验的混合动力机车

验时，他立即表示："要到现场去看一看！"

2016年12月14日，布雷特·麦克伦南等人马不停蹄地飞往北京，下午4点多，他抵达铁科院环形线现场，终于见到了"朝思暮想"的混合动力机车。

"Impressive（令人钦佩）！"他一边观摩着这台世界最大功率油电混合动力机车，一边发出惊叹，尽管当时北京室外温度已经是零下，但布雷特·麦克伦南仍兴致勃勃地拉住中车资阳公司工作人员，在机车面前留下了难忘的合影。

4

来自澳方的珍贵礼物

2012年6月中旬的一天，机车事业部工艺质量处的检查人员徐伟像往常一样，在机车构架前忙碌着。

澳方的迪恩和特里等人走了过来，微笑着和徐伟拥抱，然后迪恩从随身的口袋里摸出一个方形盒子，把他送给了徐伟："你干得太棒了，很有责任心，我们送给你这份礼物，希望你做得更好。"

徐伟轻轻拆开包装，原来是一个"电筒、电池、充电器、皮套"的精美黑色小手电套装。此刻，徐伟才回想起上次澳方监造师看完第三台构架侧梁后连说了几次"very good"（非常好），签完字走的时候，迪恩拍着他的肩膀说："构架卡控得非常完美，下次给你带份礼物来！"

徐伟知道，这份珍贵的礼物，既是对机车构架质量的肯定，又是一份中澳友谊的见证。

当初，为了把这批机车干成精品，他和构架车间员工配合默契，模拟前两台构架检测时，迪恩的监造细节。当时，迪恩是弯腰用手摸构架底部肉眼难以看到的部位，多角度检查构架是否有遗留的焊豆。因此，徐伟从第三台构架开始，就模拟迪恩的方式先用手摸，哪里有未铲除干净的焊豆，焊接师傅就把哪里提前处理干净。构架拐弯抹角的焊缝毛刺，经常把他的手扎破，一出汗就刺疼刺疼的。

正因为大家的共同努力，后面的构架交验一次就过关，非常顺利。2012年6月20日，当最后一台机车构架交出时，徐伟和构架车间的机车参与者都如释重负地笑了。

现在，徐伟已经退休，但他仍然保留着澳方监造师迪恩送给他的小手电筒，因为它象征着一份信任，更蕴藏着一位中国质检员对责任的坚守！

5 一场哈根达斯的赌注

2012年7月的一天,天气异常炎热。

中车资阳公司出口澳大利亚的首批SDA1型机车正在涂装车间紧锣密鼓地进行油漆。澳大利亚用户SCT公司的监造团队一如既往早早来到车间忙碌。为了防止机车运用过程中因腻子开裂导致油漆脱落,油漆工序前,监造工程师特里和迪恩拉着陪同的工艺人员反复强调不要为了让车体表面油漆看起来平整而在油漆前刮上厚厚的腻子,

图为澳大利亚用户SCT公司的监造工程师特里在机车生产现场

图为澳大利亚用户SCT公司的监造工程师特里在现场监造

并开玩笑道:"这刮了腻子的机车就跟人化了妆一样,不容易看出本来的面目,我们需要素颜的。"

验收那天,特里围着机车的门框看了半天,回头很不高兴地对陪同的工艺人员说:"不是让你们不要刮腻子吗,怎么有这么厚的一层?"

工艺人员凑近一看,门框油漆均匀、外观非常平整,确实看起来像极了刮完腻子后的效果。工艺人员心里嘀咕着:"这整个油漆过程工艺文件可是我亲自编制并全程亲自督战的,根本没刮腻子啊。"于是异常肯定地说道:"这是我们亲自验收的,肯定没有刮腻子。"

特里耸耸肩,一副不相信的表情:"怎么可能?如果不刮腻子,会有这么平整?你们肯定刮了!"

工艺人员也较真起来:"确实没刮,百分之百肯定,要不我们就打赌吧!"

特里也非常自信地回应道:"打赌就打赌,赌什么?"

工艺人员笑着说："今天天气这么热，输了的就给大家买盒哈根达斯冰淇淋吧，如何？"

特里得意地说道："没问题，到时候你可不要哭。我们拿电钻凿开一点看，就让迪恩来做裁判吧。"

"好！"工艺人员爽快地同意了，说完便喊工人师傅拿来了电钻。

"咚"一声，电钻刚凿去薄薄的一层油漆，马上就露出了门框的金属色，没有腻子。"耶！"在场所有人都欢呼起来。

特里笑嘻嘻地走过来说："虽然我输了，但我真的很惊讶你们居然做到了。我监造过很多机车，你们的工艺水平真的不输任何一家啊。愿赌服输，我给在场的每个人都买一盒哈根达斯冰淇淋吧！"

随后，大家开心地吃着这份夏日里特别的冰淇淋。特里一边吃，一边笑着念叨："这冰淇淋可比澳大利亚的贵多了……"

6

转变澳大利亚人的"口味"

在澳大利亚，有一位满头稀疏白发的农民长者，叫里诺。他是中车资阳公司驻澳服务组熟识的异国朋友，大家亲切地尊称他为"老头"。

中车资阳公司服务组员工李鹏再次见到里诺是2015年12月，此时距离他们第一次见面已经过去了三年多。再次见到老朋友，一番寒暄问候后，李鹏邀请里诺晚上在机车服务驻地共进晚餐。

"请来点劲道的川味spicy food（辛辣食物）。"里诺要求道。他说，自从上次服务组把他口味带"偏"后，他现在很喜好麻辣口味。阿德莱德不大，地道的川菜不好寻觅，里诺有时就在家自己琢磨。他经常用辣椒把家里养的猫狗呛得出笼，遭到老婆克里斯汀的批评。此番，里诺决定好好学习服务组烹饪川菜的手艺。

里诺祖上是意大利人，其父母及兄长1951年移民澳大利亚，定居阿德莱德，里诺出生后一直生活在阿德莱德。由于家里兄弟姐妹多，他打小就出来做工帮扶家里。一家人靠着打零工，做装修，慢慢购置了自己的土地，有了自己的农场。里诺说自己就是标准的澳大利亚"移"一代，也是一位标准的农民。

服务组与里诺结缘，源于中车资阳公司机车于2011年出口澳大利亚，为保障机车运营，客户SCT公司在阿德莱德购置了土地修建仓储站场及机车整备车间，而此地的原主人就是里诺，这也是他父母定居阿德莱德后修建的第一处住宅地。

后来，由于里诺在此不远也购置了大量土地，有了自己的房子，这边也就闲置下来了。站场及车间修好后，里诺家的老屋也被计划为机车服务组的驻地。2012年2月，为迎接新造机车的到来，李鹏代表中车资阳公司先期前往阿德莱德机车服务组驻地进行整备，第一次见到了这位房屋的原主人里诺。面对陌生且偏僻的环境，李鹏

图为里诺的庄园

当时内心还比较忐忑，担心无法按时完成公司交办的任务。好在第一次见面，里诺很热情，帮助李鹏完善驻地设施，打扫卫生，向他介绍周边的环境及情况，对他帮助很大。随着第一批6台机车的到来，公司驻澳服务组成员也到达现场。

虽然公司派出了10多人的交车服务队伍，但是由于澳大利亚特殊的用车环境，交车服务工作还是面临了许多意想不到的困难。澳大利亚多年前就完成铁路私有化，线路运营跟线路使用已经完全分离，此时澳大利亚的铁路运输主要由几家大的私有运输公司运行，运输公司需要使用铁路时向线路运营单位申请并缴纳费用，同时自身的机车检修保养等，多数都委托给其他的机车检修单位。多数业主都不具备自己的机车检修能力。而此前，传统的美国机车，因为经过多年的经营，已经在澳大利亚具备了全域的检修能力。

可以说，整个澳大利亚铁路市场都对资阳机车抱有怀疑态度，因为那时中车资阳公司并未在当地建立起自己的检修保养体系。一方面，澳大利亚客户抱有期待，希望资阳机车一举成功；另一方面，对于一个没有当地检修能力的机车产品，许多人还是质疑。例如，资阳机车第一次前往牵引铁矿石列车的过程中，客户就打了"埋伏"，将原计划7000多吨的牵引任务增加到了9000多吨，但最终机车的表现不负众望，顺利完成牵引任务。

为保障机车的运营，服务组每天"三班倒"，只要机车回库，就主动前往检查，开展技术分析指导。此时里诺在服务组边上的土地还养了不少羊，他每天都过来照顾羊群，所以每天都能看到服务组忙碌的样子。

慢慢地，服务组和里诺熟了起来。服务组邀请里诺一起聚餐。里诺最开始过来的时候显得很拘谨，虽然他带来了自己酿的酒跟大家分享，但是对于服务组做的川菜，里诺明显还是不太适应，吃得很少。记得第二次来，里诺因为不适应服务组的食

图为中车资阳公司服务组员工李鹏与里诺（右）合影

转变澳大利亚人的
"口味"

BUSINESS CARD OF CHINA:
HIGH-QUALITY DIESEL LOCOMOTIVE

物,还带来了他自己家里做的菜肴。后来次数多了,里诺不用带自制食物也能大快朵颐了。每次相逢,他都能和大家敞开聊天,聊机车,聊人生。记得有次针对新客户开发的困难,李鹏跟他抱怨说,澳大利亚人用惯了美国车,对中国车还不适应。里诺打断李鹏说道:"你们一定能用你们的产品改变澳大利亚人的习惯,你们现在已经在成功路上了,我每天过来都能看到你们,现在故障越来越少,我对你们的产品充满了信心。就像当初我不适应你们这么辣的食物,但现在我已经爱上了它们一样,我相信你们一定能改变机车用户的'口味'。"里诺说完这些,微笑着看了看李鹏,李鹏认真地点了点头。

截至2022年1月,中车资阳公司已向澳大利亚不同用户陆续交付了30台高端内燃机车,就像里诺说的那样,中车资阳公司正在一步步改变澳大利亚用户的用车"口味"。

7 "Pandaroo"
——熊猫与袋鼠结缘

2010年9月，澳大利亚SCT公司经多方考察，最终确定从中车资阳公司采购具有世界先进水平的大功率交流传动机车。

在中车资阳公司紧锣密鼓地进行机车设计时，SCT公司的员工也在悄悄地进行"设计"。

什么才能代表不同国家的两家公司的友谊？

"我们澳大利亚的国宝是袋鼠，中国的国宝是大熊猫，那我们就以这两个可爱的动物为原型吧。"SCT公司的员工以大熊猫和袋鼠作为象征物设计了标识，还将Panda（熊猫）与Kangaroo（袋鼠）两个单词合并创造了新单词"Pandaroo"作为机车的名称。

图为"Pandaroo"标识

"这寓意机车是中车资阳公司和SCT公司合作的结晶，是两国友好的见证。"SCT公司的高层很高兴，并将图案作为礼物送给了中本资阳公司。

2012年7月22日，出口澳大利亚机车的下线，标志着中国大功率交流传动内燃机车首次向发达国家出口。剪彩仪式上，SCT公司董事会主席彼特·史密思与时任资阳公司总经理向军，共同把这枚珍贵的、寄予澳方热情的"Pandaroo"标识粘贴在了机车上，这一场景通过新华社、中央电视台、中央人民广播电台等媒体传遍中国，传向世界。

中车内燃机车出口澳大利亚，谱写高质量发展新篇章

中车资阳机车有限公司（以下简称中车资阳公司）是中车集团的子公司之一，主要从事内燃机车和电力机车的制造，始建于1966年，是当时"三线建设"的重镇。近年来，中车资阳公司积极开拓国际市场，截至2019年4月已为25个国家和地区提供了800余台内燃机车，使"国产老字号"焕发出了新的活力。

2010年，中车资阳公司制造的交流传动内燃机车首次出口澳大利亚，这也为中国高端内燃机车出口到发达国家，迈出了高质量发展的坚实一步。截至2019年4月，中车资阳公司已累计向澳大利亚出口了18台内燃机车，其中在澳排名前十的物流公司SCT公司和QUBE公司分别购入12台和6台。一开始，中车资阳公司的内燃机车主要用于运输铁矿石，但随着澳大利亚矿业的衰落，现在，资阳机车主要用于运输集装箱，包括粮食和日用百货。

澳大利亚货运铁路属私营铁路，分不同片区。中车资阳公司的机车想要在这些铁路上运行，需要通过多家铁路公司的准入测试。而各个铁路公司测试的路段、范围、条件和要求等都各不相同。并且澳大利亚机车的认证使用美国的标准，是全世界最高的标准之一。虽然中车资阳公司的内燃机车此前已出口多个国家，但首次迈入发达国家的市场，必须面对发达国家严苛的认证标准。能否顺利通过澳大利亚机车的准入测试，对于中车资阳公司来说是一个前所未有的挑战。

为了应对测试，中车资阳公司在机车开发前，专门派出了一支技术团队前往澳大利亚，对澳大利亚的铁路线进行考察，与司乘人员进行交流，详细了解机车的运行环境、用车习惯和准入认证条件，使机车的研发完全符合澳大利亚的市场要求。在设计之初，中车资阳公司严格对接60多项国际标准，整车焊接全面贯彻了欧洲的高标准，保证了机车具有良好的整体性能和质量水平。中车资阳公司尊重当地市场规律，对接国际通行标准，深耕技术创新，为当地经济发展做出实实在在的贡献。

从机车立项之初，澳方SCT公司就派团队入驻中车资阳公司。双方秉持共商共建共享原则，实现了理念和技术的优势互补，在机车设计、论证、监造到测试的全过程中保持紧密合作，孕育出了满足澳大利亚当地需求的产品。中车资阳公司研发部副部长孟玉发表示，在机车制造和试验的过程中，每一道重点工序都需经澳方公司验证通过后才能进入下一道工序。在澳大利亚当地的准入认证中，澳方公司也全程陪同。中澳双方企业用了一年多时间，使SDA1型机车最终在澳大利亚通过了测试，并成功上线。

中车资阳公司从2012年开始在澳大利亚做认证测试。测试包括噪声、制动、电磁兼容和牵引性能等30余项内容。其中牵引性能测试最具技术难度。这一"大考"在南澳库伯佩地至奥古斯塔港路段进行，考核时需要牵引总长1300余米、87节货车共计8337吨的货物。中车资阳公司的机车凭借世界先进的技术，一次性通过了ARTC铁路公司的准入认证测试。

2016年，在机车控制方式改变、技术难度增大的情况下，中车资阳公司又一次顺利通过牵引性能测试。测试在奥克斯伯格河至考湾坡段上进行。该坡段全长8.583千米，其中75%为25‰以上的陡坡（一般铁路的坡度不超过20‰），且是连续S型路段，准入测试极具难度，因而被称为"魔鬼弯道"。孟玉发亲自带队，只用三次就通过了准入认证。在第一次测试失败之后，孟玉发团队迅速发现了问题，并花了两个多月时间研究调试。第二次测试因为暴雨不符合试验条件而取消。第三次一次性通过认证，创造了"魔鬼弯道"试验的奇迹。为此，QUBE公司经理史蒂文·伊戈尔专门致信中车资阳公司，称赞SDA1机车是"山中之王"。中车资阳公司国际市场部副总经理王道金表示，资阳机车从一开始的部分准入到限制性准入，再到现在的全面准入，目前已经可以完全在澳大利亚的准轨铁路网上运营。

SDA1型机车运行噪声小，车内低于75分贝，车外低于87分贝。机车可用性达到了96%，也就是说除了故障和维护时间，机车在一年365天内需运行350天以上。机车牵引功率高，双机可牵引8000余吨，机车最高时速可达每小时120千米。整车展现出"两高一低"的特点，即高牵引性能、高排放标准和低燃油消耗。SCT公司工程师保尔·休伊森称，资阳机车是目前世界上最能满足澳大利亚铁路行业标准要求的机车，是目前在澳大利亚满足排放标准最高的机车，是该轴重等级下发挥功率最高的机车，也是目前世界上结构强度最高的机车。

中车资阳公司高技术水准机车的引入不仅直接为澳方物流公司降低了运营成本，也为澳大利亚机车市场注入了竞争因子。而中车资阳公司在澳大利亚经过了七年多的经营，积累了大量机车运营的数据，对澳大利亚的市场和标准有了充分的了解，同时还培养了一支具有国际化能力的商务和技术队伍，有助于进一步开拓国际市场。王道金表示，中车资阳公司与澳方不仅建立起了贸易关系，最重要的是还建立起了互通有无的合作伙伴关系。

（2019年4月29日载于人民网）

9

"资阳造"机车穿越澳大利亚"魔鬼弯道"

蜿蜒回旋的轨道上，一辆火车从隧道内高速穿越，随后沿着山体盘旋而上。从空中俯瞰，整个车体在铁轨上形成了一个"圆圈"，像一条盘旋在山间的长龙。驾驶员坐在驾驶舱里，只按了几个按钮，便圆满完成了澳大利亚最难通过的"魔鬼弯道"测试。

2018年10月，中国中车官方发布了一个视频，视频内容是，由中车资阳机车有限公司设计制造的SDA1型内燃机车成功穿越澳大利亚"魔鬼弯道"。视频发布后迅速引发关注，数十万网友为中国制造"点赞"。澳方致信中国中车，称中国机车是"山中之王"。

"魔鬼弯道"有多魔鬼？"资阳造"机车有多牛？2018年10月23日，记者来到中车资阳机车有限公司，了解穿越"魔鬼弯道"背后的故事。

魔鬼弯道名叫"COWAN"，是澳大利亚QUBE公司用于机车牵引性能认证试验的路段。参与现场测试的澳大利亚QUBE公司负责人介绍，"魔鬼弯道"是全澳大利亚行驶最困难的铁路区段，该段线路平均坡道25‰，且有长达8.6千米的连续S形弯道曲线，最小曲线半径仅有220米。

坡度大，急转弯多，这对牵引几十列车厢的机车是很大的考验——轮轨的黏着度稍有偏差，列车就有可能脱轨。澳大利亚QUBE公司负责人介绍，即使是世界上最好的机车生产商，也不敢轻易挑战该路段。

2016年4月10日，澳大利亚QUBE公司对购买的6台"资阳造"交流传动内燃机车进行考核时，采用了欧美最严苛的考核标准，并在澳大利亚有着"魔鬼弯道"之称的"COWAN"试验线路进行考核。不仅如此，澳方还要求机车在单机牵引1500吨重物的情况下在26分钟内通过弯道。

  在大坡度弯道上载重快速行驶，让考核的难度再次增大。令人惊叹的是，中车SDA1型内燃机车一次性就通过了测验。后来，为了融入线路上的新信号系统，SDA1型内燃机车又重新挑战"魔鬼弯道"并成功通过，便有了视频中机车穿越"魔鬼弯道"的一幕。由于该路段是澳大利亚境内行驶难度最大的路段，通过该路段考核测试，意味着中车机车获得澳大利亚全境所有线路的运行许可证已无悬念。

（2018年10月23日载于"川观新闻"）

光影之美

从机车"硬汉"到"艺术"盛宴,中车资机懂车,也懂"光与影"。这里有一颗艺术瑰宝,穿透不同,照亮世界。

"令人心动的瞬间"
记录经典永恒的美

——中车澳大利亚轨道交通摄影大赛展示东西方文化的交融与共鸣

  艺术使人心灵相通，它是人类文明的结晶，也是人们共同的精神家园。在诸多的艺术门类中，有人说，摄影是唯一能够在世界任何地方都被理解的语言。为了呈现摄影的艺术魅力，让不同肤色的人们都能体会到艺术之美，中国中车在服务澳大利亚20周年之际，举办了一场覆盖全澳大利亚的轨道交通摄影大赛。大赛被澳大利亚顶尖的摄影专家评价为"这是一次具有国际水准的大赛"。摄影大赛的成功举办，也成为央企跨文化融合实践中的经典案例。

  中国中车主办的这次国际性摄影大赛由中车资阳公司承办。按照集团公司的总体要求，中车资阳公司开启了全新探索。尽管举办这样的国际赛事对中车资阳公司而言是首次尝试、是未知的前路，但其使命光荣、责任重大！通过多次研讨，中车资阳公司最终确定以"11421"的思路展开运作，得到了集团公司的认可。

  "1"——平台思维。

  中车与澳大利亚轨道交通用户合作的历史已有20年，中车资阳公司也有近10年。举办国际型摄影大赛必须要以高度的社会责任感来凝视、思考大赛的意义，即摄影大赛是企业为国际社会大众搭建的艺术交流平台，是让热爱生活、喜爱摄影的人们把镜头定格的美呈现给更多的人。各国文化习俗各有不同，但艺术却可以穿透不同，让人们产生共鸣，尤其是光影艺术，源于人类对光明有着共同的渴求。CRRC（中国中车）虽是高铁"硬汉"，但也有艺术情怀，通过举办摄影大赛可以对"连接世界、造福人类"的中车使命进行艺术性诠释。

"1"——主题生动。

确定一个有趣、有意义的主题是吸引大众参赛的关键，它是整场活动的核心定位和方向主导。主题既要聚焦轨道交通又要和人们的内心体验相吻合，最终，"Moving Moments 心动瞬间"应运而生。它体现出摄影特性，又因其"Moving"一词，暗含了轨道交通的移动特点，镜头捕捉到的令人心动的瞬间，又联动了"移动"的那一刻，两者实现了完美的结合。

"4"——四项关联。

相对于自然、人物、动物等主题摄影的广泛性而言，轨道交通是1个小众且冷门的领域，因此，大赛对征集的摄影作品进行了四项细分内容的引导，如，"便利的轨道交通""浪漫的运输""人与交通的日常""货运的力量"等，尽可能地启发人们从不同角度把自己的生活、出行、对美的感悟与轨道交通联系起来，确保能激发人们对这个领域产生更多的关联和创意。

"2"——双线并行。

为了吸引社会大众参与的积极性，摄影大赛不仅仅为专业摄影师而准备，同时也为手机用户提供了展示的机会。大赛按照专业摄影器材和手机摄影两种方式收集作品，无论是专业还是业余，只要你留心，随时可发现身边的"心动瞬间"，随手可以让美的瞬间定格。方便、快捷的参赛形式不正如身边的轨道交通那样便捷吗！而以这样的方式在澳大利亚举办摄影大赛，也创造了同类型摄影比赛的新纪录。

"1"——精品呈现。

生活中美的瞬间太多，为了保证摄影作品的最佳质量，大赛只允许参赛选手提交1幅作品。精挑细选的1张精品是作者审美的最佳呈现，大赛收集到的每一张作品都可以更深、更持久地吸引受众，让阅者感受到每一个独一无二的精彩、体味每一份独有的美好。

按照这样的思路，"Moving Moments 心动瞬间"摄影大赛于2019年9月正式启动，大赛专门开设了网站，收集到的作品艺术感强，题材丰富，其中"生活""货运""浪漫"类别的作品极佳，在2个多月的时间里浏览量达到48 469人次，网民在线的总投票数29 140次，其中收到点赞票数最多的作品是8669票，澳大利亚铁路协会、澳洲全球性铁路网站Railpage论坛、Camberwell摄影俱乐部自发报道此事。据统计，参赛选手遍布全澳大利亚，覆盖悉尼、墨尔本、布里斯班、阿德莱德、珀斯、塔斯马尼亚等州。大赛专业评审团由澳大利亚皇家墨尔本理工大学（RMIT大学）艺术学院副院长、摄影教授夏恩·赫尔博特（Shane Hulbert）任主席，其余四位摄影界权威专家共同组成。大赛评选出一、二、三等奖共6名，人气奖1名，手机奖10名。隆重的颁奖典礼于2019年12月1日，在墨尔本有着150年历史的市政大厅举行。

颁奖典礼邀请了维多利亚州上议院参议员布鲁斯·阿特金森（Bruce Atkinson）、中国驻墨尔本大使馆文化领事展玉成、墨尔本市议员菲利普·刘（Philip Liu）、维多利亚州多元文化大使，前澳大利亚人民大使查普·周（Chap Chow）、RMIT大学艺术学院副院长摄影教授夏恩·赫尔博特，以及维多利亚州州长高级顾问马蒂·梅（Marty Mei）、中国驻墨尔本总领事馆商务领事冀雪翠、Monash副市长蔡鹏等参加。颁奖典礼现场展出了前50幅优秀参赛作品，中外顶尖摄影专家、摄影艺术工作者、摄影爱好者在参观完作品后纷纷给予高度评价。评委团主席夏恩·赫尔博特先生认为，这次轨道交通摄影大赛是令人惊羡的视觉盛宴，让所有人重新发现澳大利亚轨道交通有着如此令人心醉的美，大赛收到的每一幅照片都是"Moving Moments"（令人心动的瞬间）！墨尔本市议员菲利普·刘说道，很感谢本次大赛能给予澳大利亚民众珍贵的艺术参与机会，自己也能学习到很多摄影技巧。中国驻墨尔本总领馆文化领事展玉成说道，艺术使心灵相通，中国中车主办的这次活动将艺术与经济进行了深度融合，相信一定会增进中澳人民的相互了解、促进两国人民的心灵沟通。

获得此次摄影大赛冠军的瓦妮莎·布伦南（Vanessa Brennan）女士事先只知道自己入围，并不知道自己获得大奖，当现场公布这一消息时，陪同她一起参加典礼的父母、丈夫及四个孩子格外高兴。在回味这一荣耀时刻时，瓦妮莎·布伦南激动地说："很感谢中国中车主办的这次大赛，我十分幸运获得冠军，我喜欢澳大利亚历史悠久的火车，没想到我的作品能得到第一名，大赛还奖励了我一张悉尼往返北京的机票，我的父亲在20世纪曾经去过北京和上海，我的计划是用中车奖励的6000澳元重游父亲去过的地方。"

大赛期间，澳大利亚第一大城市悉尼发生森林大火，在2019年12月1日举办的颁奖典礼上，中国中车企业文化部部长高亢表示，在征得参赛者本人同意的前提下，中国中车将对部分作品组织慈善义卖，所有款项均用于捐助火灾中受影响的人民和野生动物。这一善举受到了澳大利亚政府的高度肯定。维多利亚州上议院参议员布鲁斯·阿特金森在颁奖典礼上表示，中国中车对澳大利亚轨道交通产业发展发挥了积极

"令人心动的瞬间"
记录经典永恒的美

BEAUTY OF LIGHT AND SHADE

的推动作用,主办这场摄影大赛是一次有意义的文化交流,非常感谢中国中车对澳大利亚摄影艺术的贡献,同时非常感激中国中车对悉尼大火的赈灾慈善行为。

此外,由于本次摄影大赛征集的作品质量上乘,澳大利亚新南威尔士州交通遗产协会也表示将收藏前五十幅经典作品。

一次跨文化融合的摄影大赛已定格在历史的瞬间,而让人久久不能忘怀的是,摄影艺术呈现的那经典永恒的美已然长留在人们的心田。

光影之美 2

澳大利亚摄影展获奖作品选

一等奖作品

澳大利亚摄影展
获奖作品选

BEAUTY OF LIGHT AND SHADE

二等奖作品

二等奖作品

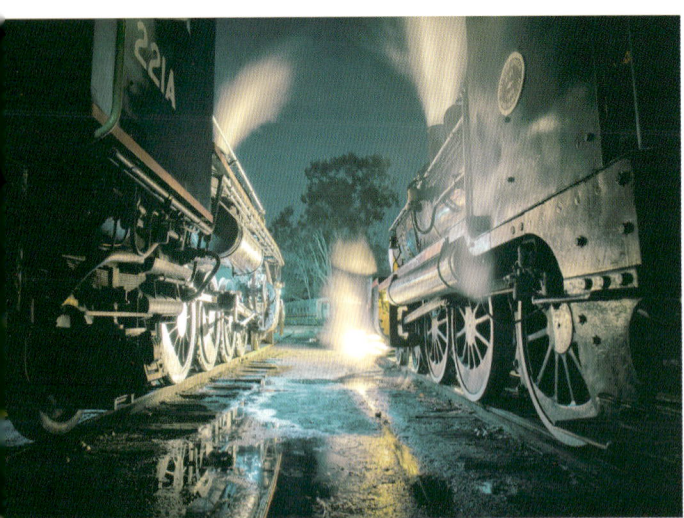

驰骋在
"一带一路"上的资阳机车

光影之美

三等奖作品

三等奖作品

后记 AFTERWORDS

好雨知时节，当春乃发生。21世纪，正当全球化为人心所盼，地球村为世人热议之际，"一带一路"倡议应运而生！在这样一个伟大倡议之下，共建"一带一路"国家及其人民通过10年的共商共建，实现了路与路相连、国与国相融、心与心相通的蓬勃发展。这本历时6个月编撰的《驰骋在"一带一路"上的资阳机车》正是依托轨道交通装备的"走出去"，记录了中国与共建"一带一路"国家设施联通、民心相通，经济互促、文明互鉴的真实过程。

本书中的每一个故事均来自中车资阳公司海外营销人员、项目参与人员的亲身经历。它们或生动有趣、或发人深省、或激励自信、或奋勇突破，他们是中车资阳公司国际化经营过程中的一个个缩影。走出国门30多年的中车资阳公司，始终把国家形象、民族利益牢记于心，让"中国造"机车奔驰在全球万里轨道线上，向世界各国人民传递友好，是凝结在历代中车资机人心中的"中国梦"！

这本书记载了30多年前中国首台走出"国门"的商品化机车的起端，写下了中国机车30多年来从"走出去""走进去"到"走上去"的光辉时刻。你可以从书中领略到中国出口内燃机车领军者的成长点滴，也可以感受到共建"一带一路"国家及其人民对中国人、对中国机车的热爱。为了这样一份认可和喜爱，中车资阳公司30多年来一直在全力以赴。

一切过往皆为序章。在新时代滚滚向前的浪潮中，中车资阳公司正按照中国中车的总体部署深入推进国际化经营战略，以"连接世界、造福人类"为使命，持续建立开放共享、共商共建的大格局，帮助共建"一带一路"国家及其人民用上更好的车、更好地用好车。

一路坎坷一路歌！国际化经营是中车资阳公司的一个大课题，这个课题已经做了30多年。一代代中车资机人的共同努力，把机车上的"美好"散播到了全球30多个国家和地区。未来虽然有着太多的不确定性，但可以确定的是，中车资机人始终以不变的使命、专注的恒心和坚定的脚步，不断向前迈进！"钢铁巨龙"上蕴含的智慧和幸福，将续写下一个30年、"一带一路"上的精彩和永恒。

来吧，让我们一起相约未来的30年！